高等融合教育背景下听障大学生与健听人的人际关系研究

熊 琪 著

重庆大学出版社

图书在版编目(CIP)数据

高等融合教育背景下听障大学生与健听人的人际关系
研究 / 熊琪著. --重庆:重庆大学出版社,2023.11
特殊儿童教育康复学术专著
ISBN 978-7-5689-4235-5

Ⅰ.①高… Ⅱ.①熊… Ⅲ.①听力障碍-大学生-人
际关系-研究 Ⅳ.①G762②C912.11

中国国家版本馆 CIP 数据核字(2023)第 229140 号

高等融合教育背景下听障大学生与健听人的人际关系研究

GAODENG RONGHE JIAOYU BEIJING XIA TINGZHANG DAXUESHENG YU JIANTINGREN DE
RENJI GUANXI YANJIU

熊琪 著
策划编辑:陈 曦
责任编辑:傅珏铭 版式设计:陈 曦
责任校对:谢 芳 责任印制:张 策
*
重庆大学出版社出版发行
出版人:陈晓阳
社址:重庆市沙坪坝区大学城西路 21 号
邮编:401331
电话:(023)88617190 88617185(中小学)
传真:(023)88617186 88617166
网址:http://www.cqup.com.cn
邮箱:fxk@cqup.com.cn(营销中心)
全国新华书店经销
POD:重庆新生代彩印技术有限公司
*
开本:720mm×1020mm 1/16 印张:13.5 字数:210 千
2023 年 11 月第 1 版 2023 年 11 月第 1 次印刷
ISBN 978-7-5689-4235-5 定价:45.00 元

序　言

　　近年来,残疾人高等融合教育事业在社会各界的广泛关注和大力推动下,取得了显著的发展:政策制度越来越完善,招生规模不断扩大,办学模式呈现多样化,支持体系多元化。发展高等融合教育事业的深远意义在于,它为残疾人打开了一扇通向知识的大门,提供了一个可以深度参与社会、发挥自我才能的平台。与此同时,发展残疾人高等融合教育是建设高质量教育体系的重要内容:既是对"拓展学段服务、加快健全特殊教育体系"的回应,也是"推进融合教育,全面提高特殊教育质量"的举措之一。随着越来越多的残疾学生进入高等教育机构学习,机遇和挑战共存是当前高等教育机构面临的现实。如何为残疾大学生提供有质量的高等教育服务? 如何促进残疾大学生在高等教育机构中更好的发展? 诸如此类的问题已经成为了当前高等融合教育发展过程不可回避的话题。这种从关注入学转到关注支持的改变,也正是社会发展的必然趋势。在这个过程中,不仅仅要思考我们能为残疾大学生提供什么样的支持,更要思考的是残疾大学生需要什么样的支持? 因此,残疾大学生在校的学业、心理、就业等也成为了研究者们关注的热点问题。

　　《高等融合教育背景下听障大学生与健听人的人际关系研究》一书,是我的博士生熊琪基于所在学校——南京特殊教育师范学院的高等融合教育实践所完成的内容。此书在高等融合教育发展的大背景下,从听障大学生的社会性融合角度出发,通过大量的问卷数据和访谈资料分析和总结听障大学生与健听人的人际关系特点,并从文化学的角度对其存在的问题和困难进行初步的探索,理解人际关系问题背后的文化本质。同时,遵循人际互动的特点,提出双向互动、注重听障大学生在人际互动中的主观能动性的有效建议。

　　该书作为当前为数不多的关于残疾人高等融合教育著作，以高等融合教育中的听障大学生作为研究对象，倾听他们的故事，表达他们的需求和困惑，让读者看到了听障大学生在人际关系中的感受。问卷和访谈的结合，赋予了一个个冰冷的数字以鲜活的生命，让读者能够真切的体会到听障大学生社会性融合的不易与艰难。读者既是在跟随作者进行一场研究探索，也是在聆听一个个听障大学生的成长故事。数据与故事的交融，感性与理性的碰撞，极大地增强了本书的阅读性。

　　研究是一项富有创造性和挑战性的工作，每一次探索都能带来新的认识和发现。本书的出版是对残疾人高等融合教育的初探，随着当前国家政策的不断推进以及社会各界的大力支持，目前的形式和研究之初相比已经发生了较大的变化。希望熊琪博士能够请继续保持对研究的热情，深入对该课题的探索，为残疾人高等融合教育的发展提供新的见解。

2023 年 10 月 20 日于上海

前　言

　　我国残疾人高等教育事业发展已有近四十余年的历史,2017年教育部等七部门出台《第二期特殊教育提升计划(2017—2020年)》强调全面推进融合教育,稳步发展残疾人高等教育。随后中国残联在全国范围内选取了四川大学、长春大学、北京联合大学、武汉理工大学、郑州工程技术学院、南京特殊教育师范学院六所高校,作为首批残疾人高等融合教育高校开展残疾学生高等融合教育试点工作——让更多残疾学生在普通高校学习并实现"进得来、学得好、出得去"的目标已经成为全社会的共同期待。2021年7月,国务院办公厅印发《"十四五"残疾人保障和发展规划》提出要稳步推进残疾人高等教育,支持高校开展残疾人融合教育。《"十四五"特殊教育发展提升行动计划》中提出,稳步发展高等特殊教育,完善残疾学生就读普通高校措施。据统计,2022年高等教育阶段招收了30035名残疾学生,其中高职(专科)为17644人,本科10703人,硕士生为1520人,博士生为168人。可见,在一系列政策的支持下,残疾人接受高等教育的数量和质量都较以往有了突飞猛进的提高。

　　作为一名在高等融合教育试点学校工作的教师,残疾学生于我而言既是一道美丽的校园风景线,也是我日常教学工作的对象。十余年的任教生涯,也让我从一个融合理念的传递者变成了一个融合实践的推行者。这本书的出版,在一定程度上反映了我对高等融合教育的一些思考:从以往对学业性融合的关注扩展到对社会性融合的关注;从考察正常人的态度转向倾听残疾人的心声,试图反映"正在经历者"在人际关系中的心态和矛盾;从对障碍的关注转向对文化的关注,尝试理解和分析听障大学生与健听人在人际互动过程出现困难的原因。

本书以听障大学生与健听人的人际关系作为切入点,以听障大学生作为研究对象,以高等融合教育为背景。通过自编问卷,从认知、情绪能力和行为模式三个方面对听障大学生与健听人的人际关系现状进行描述,对其特点和影响因素进行分析,再结合访谈深刻反映听障大学生与健听人交往过程中的亲身感受和经历,使人们能够从听障大学生的角度了解到他们的心声和诉求,并在此基础上对改善其人际关系提供合理的建议。通过研究发现:听障大学生与健听人的人际交往尤其是同校的健听大学生之间有着较为良好的互动;他们能够认识到与健听人交往的意义,对健听人基本持接纳态度;但是支持不足导致与健听人的交往困难重重。听障大学生和健听人的人际关系存在以下三个特点:平等性、功利性和单一性,主要是受个体意愿、沟通方式、教育体制和传统文化四个方面影响。因此,需要通过重建社会文化,构建融合学校,家庭支持的介入以及听障大学生个人能动性的发挥几个方面入手提升其人际关系。

最后,我要感谢所有为本书出版付出努力的人。首先要感谢我的导师邓猛教授,老师那独有的思维方式和深厚的学术功底,引领我看到了一个不一样的特殊教育世界。这对我今后的学术发展起到了深刻的影响。其次,要感谢南京特殊教育师范学院各级领导对我的支持和鼓励。同时此书得到了江苏省"十四五"重点学科——教育学、国家级一流本科专业建设点(特殊教育)以及江苏省高校青蓝工程"手语翻译"优秀教学团队的资助,才得以顺利出版。

熊 琪

2023 年 9 月于南京

You Have to be deaf to understand the deaf[①]

What is it like to "hear"a hand?

You have to be deaf to understand.

What is it like to be a small child,

In a school, in a room void of sound --

With a teacher who talks and talks and talks;

And then when she does come around to you,

She expects you to know what she's said?

You have to be deaf to understand.

Or the teacher thinks that to make you smart,

You must first learn how to talk with your voice;

So mumbo-jumbo with hands on your face

For hours and hours without patience or end,

Until out comes a faint resembling sound?

You have to be deaf to understand.

What is it like to be curious,

To thirst for knowledge you can call your own,

With an inner desire that's set on fire --

And you ask a brother, sister, or friend

Who looks in answer and says, "Never Mind"?

You have to be deaf to understand.

What it is like in a corner to stand,

Though there's nothing you've done really wrong,

Other than try to make use of your hands

To a silent peer to communicate

---

① DEAF-INFO.http://www.zak.co.il/d/deaf-info/old/poems.html, 2013-05-23.

A thought that comes to your mind all at once?

You have to be deaf to understand.

What is it like to be shouted at

When one thinks that will help you to hear;

Or misunderstand the words of a friend

Who is trying to make a joke clear,

And you don't get the point because he's failed?

You have to be deaf to understand.

What is it like to be laughed in the face

When you try to repeat what is said;

Just to make sure that you've understood,

And you find that the words were misread --

And you want to cry out, "Please help me, friend"?

You have to be deaf to understand.

What is it like to have to depend

Upon one who can hear to phone a friend;

Or place a call to a business firm

And be forced to share what's personal, and,

Then find that your message wasn't made clear?

You have to be deaf to understand.

What is it like to be deaf and alone

In the company of those who can hear --

And you only guess as you go along,

For no one's there with a helping hand,

As you try to keep up with words and song?

You have to be deaf to understand.

What is it like on the road of life

To meet with a stranger who opens his mouth --

And speaks out a line at a rapid pace;

And you can't understand the look in his face

Because it is new and you're lost in the race?

You have to be deaf to understand.

What is it like to comprehend

Some nimble fingers that paint the scene,

And make you smile and feel serene,

With the "spoken word" of the moving hand

That makes you part of the word at large?

You have to be deaf to understand.

What is it like to "hear" a hand?

Yes, you have to be deaf to understand.

目　录

第一章 绪 论

这首由美国加劳德特大学维尔德-马德森教授写于1971年的诗歌《你必须聋了才能明白》,曾被译成7种语言在世界各地广为流传。这首诗向我们展示了聋人的世界和心理,让人读起来真实而辛酸。从当初无意间选择特殊教育专业到现在已有十余年时间,如今特殊教育于我而言不仅仅是一个职业,更是一份需要用心和情感去坚守的信念!海伦·凯勒曾经说过,对于盲人来说最主要的问题不是盲,而是人们对待盲的态度。回顾特殊教育的历史,不难发现人们对残疾的态度已经从过去的野蛮无知发展到现在的尊重和平等。尤其是在大力推行融合教育的今天,残疾人的平等权利越来越受到重视。然而,在这些物质和精神的进步过程中,却似乎很少能够听到残疾人自己的声音。

每当行走在校园内看到三五成群的听障学生从身边经过时,我总会忍不住去想:他们在这个融合的校园里过得怎么样?特别是在一所招收听障学生的普通高等院校工作,使得我从一名融合理念的传递者真正成为一名实际的融合参与者。在这个过程中,我深切感受到了融合从理想到现实的艰难。而作为一名特殊教育工作者,我更是深知融合的可贵与不易之处。对于每个学生来说,一个融合的校园都是前所未有的,也都是陌生的。尤其是对于那些突破层层障碍来到高等院校接受教育的听障学生来说,这是在一种截然不同的环境中生活,也是他们即将迈入社会的一个重要过渡阶段。学校在努力构建无障碍环境,力图让每一个学生都能够平等地参与校园学习和生活。与健听人的交往将是他们在融合校园中生活的一个部分,也是他们今后步入社会必须面对的挑战。但是不得不承认的是他们虽然和我们生活在同一个校园里,可似乎又不能完全融入这个校园。这所有的问题不是仅仅简单地用沟通方式就能解答的,在这背后还有很多深层次的原因值得我们去思考。所以在这个过程中,我们要做的第一件事情就是了解这些听障学生,知道他们在想什么,经历了什么,又需要什么?然而想要了解一个人或一个群体,就必须倾听他们的话语,进入他们的世界。我们的融合该如何走下去?或许只有从听障学生出发,倾听他们的心声,才能找到答案。

第一节　国外高等融合教育发展简述

一、融合教育发展概况

纵观全球特殊教育的发展历程,残疾人从最初的没有生存权到现在逐渐上升到追求发展权的过程,虽然其间经历了各种斗争,但这也正好反映了人类文明的进步以及对待残疾态度的日趋理性。在中世纪及其以前,人类对残疾人的认识是非常消极和野蛮的。残疾人在这个时候基本没有生存权,大多会被杀戮或遗弃。那时在人们眼里残疾是愚笨而不可教育的,所以这些人没有生存的必要,更没有教育的可能性。到了14、15世纪文艺复兴时期,随着人文主义的兴起,自然科学的发展,以及宗教改革的推进,残疾人的生存权得到了尊重。特别是随着麻风病院逐渐向精神病院的转变,为那些包括麻风病在内的残疾人的生存状况提供了积极的影响①。在生存权得到改善的基础上,人们也开始了关于重度感官残疾教育的零星探索。尤其是随着1555年西班牙修道士庞塞对聋儿特殊教育的最初尝试开始②,特殊教育逐渐登上历史舞台并受到越来越多的关注和参与,直到1864年美国加劳德特大学的建立标志着特殊教育最早以聋教育为代表正式产生了③。虽然此时残疾人在生存状态上发生了很大的变化。但是他们基本都被安置在远离市区的特殊教育学校或养护机构之内,而且教育者以医生或传教士为主,招收的对象基本都是重度残疾儿童。因此真正意义上的特殊教育发展期是从18世纪才正式开始的,此时特殊教育的对象发生了显著的变化,从最初的重度残疾慢慢发展到肢体残疾、情绪行为异常等类型;办学主体也从宗教走向国家和政府,特殊学校的功能从重养护开始向重教育转变④。

从20世纪60年代起,一部分西方国家开始发展新的教育模式,扩大普通教育的对象,至此融合教育开始逐渐登上历史舞台。融合教育(inclusive education)作为特殊教育和普通教育的交集,它的出现既是要打破长期隔离、封闭式的特殊教育体系,更是对残疾人作为社会公民应享有的"平等"权利

---

① 朱宗顺. 特殊教育史[M]. 北京:北京大学出版社,2011:32.

② 刘春玲,江琴娣. 特殊教育概论[M]. 上海:华东师范大学出版社,2008:8.

③ 朴永鑫. 特殊教育学[M]. 福州:福建教育出版社,1995:34.

④ 刘全礼. 特殊教育导论[M]. 北京:教育科学出版社,2003:74.

的尊重。因此融合教育既是一种教育思潮,更是一种社会思潮,它试图从教育开始,逐渐渗透和影响人们生活的方方面面。但是不得不注意的是,从事物发展的规律来看,任何一种新生事物的发展都需要经历一个漫长而曲折的过程,特别是对于历史短暂的融合教育而言更是如此。所以在研究之前有必要对融合教育的发展脉络进行简单的梳理,以便更好地理解其特点和实质。

(一)正常化原则

正常化思想(Normalization)发端于 20 世纪五六十年代的北欧,最早可追溯到 1959 年丹麦新《社会福利法》,即"允许智力障碍人士有尽可能正常的生活"[①]。随后瑞典学者尼瑞(Nirje)在专业文献中第一次对"正常化原则"进行理论描述。该原则强调均等、生活质量和人权三个方面,具体是指:第一,均等(equality),残疾人的生活条件应该与正常人越接近越好;第二,生活质量(quality of life),残疾人应该有机会去创造和追求美好的生活;第三,人权(human rights),残疾人应该被视为有价值的人,而且和正常人享受相同的权利[②]。正常化原则的提出在当时受到了广泛的推崇,成为丹麦和邻国瑞典的立法准则,极大地改变了北欧的教育体制和残疾人福利体制,也为西欧和北美等国家特殊教育改革带来了新的理念。值得注意的是,正常化原则不仅仅要求为残疾人提供参与的机会,还要求对他们持正向的社会态度和社会期望。虽然正常化原则没有具体的方式和措施,但它作为打破传统特殊教育哲学思维和实践方式的代表,为后来回归主流、最少受限制环境以及融合教育的产生提供了一种指导思想。它让人们开始关注以智障人士为代表的残疾群体,并试图让他们"每天的生活方式和条件尽可能接近社会主流的标准和方式"[③]。值得肯定的是正常化之后,智力障碍者和其他残疾人在生活、学习和居住条件上都发生了巨大的变化。尽管目前关于正常化原则的定义有不同版本,但其核心思想和基本精神都是一致的,即改善各种条件,确保残疾人能够像非残疾

---

① 盛永进. 特殊教育学基础[M]. 北京:教育科学出版社,2011:47.

② Renzaglia A,Karvonen M,Drasgow E,et al.Promoting a lifetime of inclusion[J]. Focus on Autism and Other Developmental Disabilities,2003,18(3):140-150.

③ 唐惟煜. 西方智力落后教育史(七)[J]. 现代特殊教育,1994(5):41-42.

人一样,有同样的社会生活[1]。此后,正常化原则直接导致了美国的"去机构化运动",即主张解散大型养护机构,而采用社区家园的形式为残疾人提供服务。

(二)回归主流运动

1972年,沃尔芬斯伯格在美国对正常化原则进行积极倡导,使其很快对美国的特殊教育形成冲击,一方面导致美国的隔离式特殊教育体系开始逐渐被打破,另一方面也引起了国际上残障领域专家的关注和认可。随后在美国掀起了"回归主流运动"(Mainstreaming),其核心内容是:让残疾儿童在受限制最少的环境中接受教育,根据残疾程度的不同,设置不同类型的特殊教育服务形式,制订个别化教育计划;主张让大多数残疾儿童尽可能在普通学校或普通班中与健全儿童一起学习和生活,改变以往主要将残疾儿童集中在特殊学校,将他们与健全儿童隔离开的传统教育方式,达到让特殊教育的"支流"回归到普通教育的"主流"中,特殊教育与普通教育融为一体的目的[2]。但"回归主流"本质上仍然是以特殊儿童应该在普通班级以外的、隔离的环境中受教育为前提[3]。特殊儿童只有通过自身的努力才可能争取到普通班级的受教育权利,仍然没有真正实现其所主张的教育平等。

作为回归主流运动的成果之一,"瀑布式服务体系"于20世纪70年代由迪诺(Deno)正式提出。该体系强调根据学生差异不同而提供最适合该学生的教育安置形式,即受限制最少的环境。此外,作为回归主流运动的另一成果——《94-142公法》(Education of All Handicapped Children Act,EHA,1975)的诞生,则提出必须为残疾儿童提供"受限制最少的环境"(the least restrictive environment,LRE)。但是,无论是"回归主流"还是"最少受限制环境"都没有完全取消特殊学校,特殊学校仍将发挥接收和教育残疾程度重、不适合在普通学校学习的残疾学生,向普通学校提供特殊教育咨询服务等作用。此时不仅仅是重新讨论特殊学生的安置方式(如特殊学校或普通学校),还开始探讨何

---

[1] 洪启芳. 桃园县国小融合教育班教师教学困扰调查研究[D]. 台东:台东大学,2007:10.
[2] 朴永馨,顾定倩. 特殊教育辞典(第二版)[M]. 北京:华夏出版社,2006:47.
[3] 邓猛,景时. 从随班就读到同班就读:关于全纳教育本土化理论的思考[J]. 中国特殊教育,2013(8):5.

种安置形式最佳,甚至进一步探讨普通教育和特殊教育两个系统是否有必要平行共存的问题。

(三)融合教育

20 世纪 80 年代,在美国以教育部助理 Will 及其他学者为代表提出"以普通教育为首"(Regular education initiative,REI),主张重新组合特殊教育和普通教育系统,以配合里根(Reagon)总统和布什(Bush)总统的经济政策,降低特殊教育人数及特殊教育经费的支出①。1990 年,联合国在泰国举行的世界全民教育大会上提出了全民教育的思想:"对所有的儿童、青年和成年人进行普及教育,并提供均等的教育机会。"②全民教育大会作为世界教育发展史上的一个里程碑,它确立了大众教育的方向,为融合教育的发展提供了历史舞台。在此基础上,融合教育的概念正式被提出,并于 1994 年通过西班牙《萨拉曼卡宣言》成为全球性纲领。其核心思想是让所有儿童都能得到适合自己的教育,以此来促进儿童的发展并提高他们的社会适应能力③。Fuchs 和 Fuchs 指出:REI 主要关注残疾儿童和低学业成就儿童的学业水平,而融合教育则更加关注残疾儿童的社会接纳度④。所以融合教育作为正常化、回归主流、最少受限制环境等思想的延续和完善,它更加全面和彻底地对普通教育和特殊教育之间产生的问题进行改革,主张在单一的教育系统中以更加融合的方式对所有的学生提供服务和支持⑤。尤其在 2000 年以后,赋权和自我决定的理念开始在融合教育中盛行,这是人们对残疾人生活质量进一步关注的体现,也是残疾人自我权利的彰显。

伴随着深厚的历史和哲学基础以及前期各种大胆的尝试和探索,融合教育逐渐传播到全球,成为各个国家特殊教育的基本政策,推动了各国特殊教育以及普通教育的变革⑥。由此可见,融合教育作为特殊教育的一个信念,影响

① Kauffman J.M.The regular education initiative as Reagan-Bush educational policy:A trickle-down theory of education of the hard to teach[M]. Austin,TX:Pro-ed,1995:125-156.
② 联合国教科文组织. 陈云英,杨希洁,赫尔实译. 融合教育共享手册[M]. 北京:华夏出版社,2004:9.
③ 雷江华. 融合教育导论[M]. 北京:北京大学出版社,2012:37.
④ 邓猛. 融合教育与随班就读:理想与现实之间[M]. 武汉:华中师范大学出版社,2009:50.
⑤ 钮文英. 拥抱个别差异的新典范:融合教育[M]. 台北:心理出版社,2008:9.
⑥ 熊琪,邓猛. 从解构到结构:全纳教育的后现代解读[J]. 教育探索,2013(10):1-4.

着当今世界特殊教育理论与实践方向。从近年融合教育的运行来看,它对传统范式的挑战和对平等的追求,使特殊教育乃至整个社会都发生了巨大的改变。

二、国外高等融合教育的发展过程——以美国为例

首先需要特别说明的是之所以选择以美国高等融合教育的发展过程作为阐述对象,是因为:美国是世界上融合教育发源较早的国家,也是发展较为完善的国家之一。所以选择美国高等融合教育的发展历程,可以更加全面地展现整个高等融合教育的历史,使研究更加完整和深刻。

美国聋人高等融合教育的产生是美国聋人教育发展的必然趋势,也是美国高等教育相对发达的必然产物。第一,美国内战对人权的追求,是高等融合教育得以实现的思想基础。美国内战历经四年,表面原因在于南北方的利益之争,实质是对人权真正含义之争。这场战争不仅是维护美国统一的战争,更有解放黑奴、维护人权的深远意义。虽然内战没有从根本上解决黑人与白人之间的平等问题,但是战争所带来的冲突却对人们的固有思想产生了一次有力的冲击和洗礼。通过内战,美国民众对平等、自由的追求得到了进一步的加深,这也为后来美国的一系列思想运动奠定了基础。第二,高度发展的经济为教育的发展提供了物质基础。美国南北战争是美国历史上的第二次革命,它为美国资本主义的高速发展开辟了道路,使美国的封建农奴制经济迅速彻底地转变为近代资本主义农业经济。如列宁所说:南北战争具有"极伟大的、世界历史性的、进步的和革命的意义"。经济的高速发展使国家能够为教育投入更多的经费。第三,美国聋人基础教育的发展,是高等融合教育产生的直接基础。美国的特殊教育发展最初是从欧洲引进建立特殊教育学校这一模式开始,但其后从特殊幼儿教育到特殊高等教育的发展都远远超过了欧洲,形成了具有自身特色的特殊教育体系[①]。随着欧洲聋人教育观念的引入,美国于1817年由加劳德特和克拉克共同创建了第一所专门为聋人提供教育的学校,也是美国的第一所特殊教育学校[②]。在其带动下,美国的聋人教育机构开始

---

① 朴永鑫. 特殊教育学[M]. 福州:福建教育出版社,1995:62.
② 刘春玲,江琴娣. 特殊教育概论[M]. 上海:华东师范大学出版社,2008:8.

逐渐发展起来,并且慢慢受到政府的关注。例如 1822 年美国第一所州立聋人教育机构"肯塔基聋哑指导中心"成立,标志着政府对特殊教育的正式介入①。此后美国各州纷纷建立聋校,使美国的聋人教育初具规模。所以,美国聋人基础教育的蓬勃发展一方面为整个聋人教育提供了丰富的教学经验和基础;另一方面,随着聋人基础教育规模的扩大,聋人对高等教育的需求也逐渐扩大,因此聋人高等融合教育便应运而生了。

(一)高等融合教育的早期实践

　　1864 年,小加劳德特向美国国会递交了一份要求国会批准哥伦比亚盲聋哑教养院培养聋人大学生的议案②。当时大多数国会议员和代表都对此持反对态度,但是在亚伯拉罕·林肯总统支持下该议案最终获得通过。随后林肯总统于 1864 年 4 月 8 日,正式签署法令成立国立盲聋哑学院。1869 年第一批聋人学生毕业并获得了艺术类学位,这在教育界产生了巨大的轰动,也引起了人们对残疾人高等教育的关注。1894 年,为纪念托马斯·霍普金森·加劳德特,学院更名为"加劳德特学院"。这一命名于 1954 年在美国第 83 届国会的《公众法》中得到了正式确定,至此世界上第一所为听障人群设立的综合性大学成立了。除了加劳德特大学招收聋人和重听学生以外,诸如拉德克利夫学院于 1900 年招收了盲人海伦凯勒。尽管如此,这期间的残疾人高等教育仍然是隔离性质的。这种现象在第一次世界大战末期开始改变,在二战末期则得到了更为显著的改善。

(二)伤残退伍军人是早期高等融合教育的推动者

　　一战后美国联邦政府通过了《1918 职业康复法》(*Vocational Rehabilitation Act of 1918*),对一些退伍伤残军人的教育起到了支持作用③,他们在大学学习的专业主要是工商业和农业。另一个著名的项目是在辛辛那提市俄亥俄州力学研究所进行的,该所向超过 400 名退伍伤残军人提供服务。辛辛那提大学

① 朱宗顺主编. 特殊教育史[M]. 北京:北京大学出版社,2011:56.

② 陈少毅. 开启无声的世界——记美国聋人教育先驱加劳德特父子[J]. 世界博览,2000(10):30-32.

③ Lata Chatterjee, Monika Mitra. "Evolution of Federal and State Policies for Persons with Disability in the United States:Efficiency and Welfare Impacts."[J]. Policies for persons with disability in the United States,1998(32):347-365.

和俄亥俄州力学研究所的学生组织成立了美国伤残退伍军人团体,该组织直到今天仍然继续活跃在美国①。

"二战"期间,1944 年美国国会通过了《1944 军人权利法案》(the Serviceman's Readjustment Act of 1944),也就是人们所熟知的《军人福利法》(GI Bill of Rights)。该法规定为那些达到一定服务年限的退伍军人提供一定数额的教育经费。该法的颁布是为了应对战争后回到家乡的大量伤残退伍军人的教育需求,为此联邦政府每年投入近 2 亿元的教育经费。除此之外,美国教育部主要还从交通、住宿和教室内支持三个方面来为这些军人提供服务,并根据残疾学生的需求提供培训,座位优先,把文本转化为录音,讲座记录以及单独考试。这些服务基本都局限于退伍军人所住医院附近的高校展开,这些大学主要为那些肢体残疾的学生提供服务,但是其他的学校则不愿意接受这些学生。所以在此期间尽管各种服务在改善,伤残退伍军人接受高等教育的需求在增加,但是歧视仍然存在。Nugent 总结道:1948 年的时候很多高校的教职工和管理者都认为重度残疾的学生在普通大学中学习是一件浪费时间和精力的事情,而且他们也不相信重度残疾的学生能够在高等教育中取得成功或毕业后能够用到所学的东西②。

(三)高等融合教育发展的社会文化土壤

17 世纪至 18 世纪的启蒙思想家举起了人道主义大旗,提倡关怀人、尊重人、以人为中心的世界观,又赋予了人本主义"自由、平等、博爱"的新内涵③。人本主义思想的盛行,为残疾人回归普通社会,接受普通教育提供了思想基础。20 世纪 50 年代爆发的民权运动(Civil Rights Movement)提出"分开即不平等"的口号,要求不同种族平等参与社会生活④,于是"多元文化主义"开始盛行。虽然多元文化的初衷是应对种族问题,但是在这个过程中不同文化群体争取教育机会均等的斗争在很大程度上推动了融合教育的发展。因此,20

---

① Joseph W, Madaus.The History of Disability Services in Higher Education[J]. New Direction for Higher Education,2011(154):5-13.

② Nugent T J."More Than Ramps and Braille."[J]. American Education,1978,14 (7):11-18.

③ 杜光强. 人本主义教育理念对当代教育的启示[J]. 内蒙古师范大学学报,2011,24(1):1-4.

④ 邓猛,苏慧. 融合教育在中国的嫁接与再生成:基于社会文化视角的分析[J]. 教育学报,2012, 8(1):84.

世纪 60 年代掀起的妇女运动强调保障所有人受教育的权利尤其是女童和成年女性不能因为性别问题而被排斥在学校之外[①];在 20 世纪 80 年代前后,美国以减少种族仇恨为宗旨,进行了整体的学校改革;特别是从"正常化"原则开始的一系列带有融合性质的运动,如"去机构化""回归主流""最少受限制环境"以及 20 世纪 80 年代融合教育思想的正式提出,这些都是不断推进高等融合教育发展的思想源泉。

(四)高等融合教育的法律保障

随着人权法和教育法的制定,残疾人接受高等教育的状况得到了更大程度的改善。直到 20 世纪 60 年代,人们对残疾的关注大多都还集中在肢体、感官残疾方面,而随着 1963 年学习障碍这一概念的提出,特别是在 1968 年将其单独划为一种残疾类型后,公立学校对这类隐性障碍的服务开始改善,而且这种障碍类型的学生人数也急剧上升,在近 20 年时间里几乎占据了残疾学生的一半。但是 20 世纪 70 年代以前,美国很多学生常常会因为残疾而被大学拒绝。例如,1962 年研究者对美国 92 所中西部大学的调查发现,其中 65 所大学不愿意接受使用轮椅的学生[②]。Fonosch 引用了 1974 年对 1000 所四年制大学的调查发现,18% 拒绝盲人,27% 拒绝肢体残疾,22% 拒绝聋人[③]。随后 1975 年《94-142 公法》要求对残疾学生提供特殊教育服务。特别是随后对其的修订涉及从基础教育到终身教育,包括高等教育。该法促成了更多的残疾学生能够接受高等教育。此后,随着相关法律的实施,到 1999 年美国教育部发现进入四年制大学学习的残疾学生远高于往年。特别是随着 2008 年《高等教育机会法》的颁布,在之前已有法律的基础上对教师素质、残疾学生接受高等教育的权利以及国家援助等方面有了新的规定,进一步保障了残疾大学生的权利,使他们能够毫无后顾之忧地在大学接受教育。

由此可见,美国高等融合教育是其社会政治、经济和哲学思想体系高度发

① 黄志成. 全纳教育:关注所有学生的学习和参与[M]. 上海:上海教育出版社,2006:10.
② Angel J L.Employment opportunities for the handicapped[M]. New York:World Trade Academy Press,1969:12.
③ Fonosch G G.Three years later:The impact of section 504 regulations on higher education[J]. Rehabilitation Literature,1980,41(7):162-168.

展的产物;同时作为基础教育和中等教育的延续,高等融合教育能够满足越来越多残疾人进一步实现自我价值、获得社会认可的需求,而这也将更有利于他们实现社会性融合。所以,高等融合教育的产生和发展并不是一种偶然,而是社会发展到一定程度的必然趋势。

三、完全融合的残疾人高等教育模式
(一)完全融合的高等融合教育模式及其原因

高等融合教育和基础教育的发展历程非常相似,都经历了从排斥隔离到融合的过程,越来越多的残疾学生能够在普通大学中接受高等教育。首先从残疾类型来说,接受高等教育的残疾学生已经从过去较为单一的类型,如盲、聋、肢体残疾逐渐向各种隐性残疾如阅读障碍、学习障碍等类型转变,甚至出现感官类残疾减少,隐性残疾增多的趋势。其次,随着隐性障碍类型学生数量的增加,隔离性质的高等教育已经远远不能满足残疾人的教育需求。以美国为例,几乎找不到一所没有特殊教育对象的普通高校,也很难找到没有融合措施的特殊学校①。在美国没有专门招收盲人的大学,而在英国也没有独立接收聋人的大学。因此,完全融合是当前国外高等融合教育的主要模式。即是说没有专门招收残疾学生的高校,基本上所有的残疾学生都分布于普通高校之内。

之所以以这样的形式出现,是因为:第一,基础融合教育的高度发展,为残疾学生适应高等融合教育提供了条件。西方欧美国家作为融合教育的发源地,其基础融合教育的发展程度已经领先于世界其他国家。这也就为残疾学生接受高等教育从知识、心理等方面提前做好了准备。基础融合教育的发展,也为高等融合教育的发展提供了可借鉴的经验。同时,基础融合教育的高度发展,在社会文化氛围方面也为残疾人接受高等教育提供了舆论接纳氛围。所以在他们看来,残疾人接受高等教育是一件非常平常的事情。第二,高校对于融合教育有相对较好的服务和支持体系。高度发展的经济条件,相对开放的融合思想和完善的法律制度都是国外高校融合服务时限的保障。所以在相对完善的服务体系内,融合能够实现的程度也就相对更高。尤其作为能够接受高等教育的残疾学生而言,他们自身就有很强的适应能力和调整能力,再加

---

① 卢茜,雷江华. 美国高校残疾人服务特点及对我国高校的启示[J]. 中国特殊教育,2010(9):27.

上有效的服务体系,完全融合的教育模式也就可行了。第三,高等融合教育对象的特点。如前文所述,隐性残疾的学生在增加,这类学生中很多人并不符合或不能取得特殊教育的资格,但是他们又确实存在于各个高校之中。完全融合的模式至少让高校中的每一个教职工都在一定程度上具备了接纳不同残疾学生的心理准备和基本的融合理念。所以面对这样的现实,采取完全融合的方式可以在最大限度内为学生提供所需要的服务。

(二)高等融合教育的服务方式

各学校根据自身的资源和规模以及学生的不同类型为其提供一定的服务,根据 NCES(美国教育部教育统计中心,1999)的统计,1996—1998 年间有3680 所学院接收符合条件的残疾人就学,其中 98% 的学校提供至少一种支持性服务[1]。一般而言,国外高等融合教育主要通过建立残疾学生办公室的形式来实现完全融合:一种是在高校内设残疾学生服务办公室,如哈佛大学的残疾学生协调办公室,负责残疾学生学习和生活的各项事宜;另一种是独立于高校外的残疾学生服务办公室,其职能在于了解残疾学生所需服务,通过与高校间的合作来为学生提供支持性服务[2]。虽然残疾学生服务办公室的归属和管理部门稍有不同,但是其基本职能都是相同的,即为残疾学生在普通高校中更好的学习和生活提供支持。

(三)完全融合的高等融合教育模式特点

第一,有利于实现资源共享。这种资源共享,不仅仅局限于校内,更多的还在校际间实现共享。这是因为在完全融合的教育模式下,某一所单独的学校想要满足所有学生的教育需求是非常困难的。所以这种模式催生了资源共享的支持途径。例如美国聋人工学院的学生不仅可以在本学院学习,还可以去校内其他院系学习并取得学位,学校两百多个专业全部面向聋生[3]。第二,为学生的自主选择提供了更多的机会。完全融合的模式意味着学生在学校、专业和教育层次等方面不会受自身残疾的影响,而可以更多地考虑自己的兴趣爱好以及专业的发展前景等问题。尤其是当资源共享作为一个前提条件时,这种自主选择的可能性就更大了。

① 王晶. 视障大学生学校支持性服务的需求与满意度研究[D]. 大连:辽宁师范大学,2008:5.
② 同上。
③ 鹿彩铃. 我国聋人高等教育结构研究[D]. 天津:天津理工大学,2010:10.

四、国外高等融合教育的支持体系

(一)国外关于残疾人高等融合教育的法律法规

1.美国关于残疾人高等融合教育的法律法规

美国联邦立法中对残疾学生接受高等教育影响最大的两个法律分别是 1973 年的《康复法》(the Rehabilitation Act of 1973)和 1990 年颁布、2008 年修订的《美国残疾人法》(Americans with Disabilities Act)。1973 年《康复法》是第一个影响残疾学生在高校获得联邦政府经费的重要法律,该法强调高等教育有为"残疾人"提供平等教育机会的责任且规定高校"有积极行动的义务"。《康复法》对残疾人的受教育权利给予了保证,但这仅对公立大学有效;《美国残疾人法》是美国历史上保护残疾人最全面的法律,旨在"对残疾人减少歧视"和提供"反对歧视残疾人的执行标准",禁止在就业、公共设施、公共服务、交通运输和电信方面歧视残疾人,无论私立还是公立大学都在其规定之内。这两个法律都认定歧视残疾人是非法的,并要求大学为这些残疾学生提供合适的支持。

2.其他国家残疾人高等融合教育的相关法律法规

接受高等教育既是残疾学生的一种平等机会,也是他们应有的一种权利。世界上其他国家也都意识到了残疾人接受高等教育的需求和权利。比如澳大利亚和英国等国家都有关于残疾学生接受高等融合教育的立法。英国在 2001 年和 2010 年分别颁布的《特殊教育需要和残疾法》《权利平等法案》等相关的法律文件,都确保了残疾学生进入高校接受高等教育的权利,同时也规定了高校应该提供的相关支持和服务。1992 年澳大利亚颁布《澳大利亚残疾人法》,提出残疾人在申请或接受高等教育时不得受到歧视。2003 年 12 月,澳大利亚议会通过《高等教育支持法案 2003》(Higher Education Support Act 2003),确立了"高等教育残疾人支持计划"(Higher Education Disability Support Program),主要为高校满足残疾学生的各种特殊需要提供财政支持,包括教育设备和相关服务,由政府拨款资助①。

(二)经费支持

经费是残疾学生接受高等教育的基本保证之一。英国高等教育基金委员

---

① 房凤文,张喜才. 澳大利亚促进残疾人接受高等教育的举措及启示[J]. 中国特殊教育,2018(2):3.

会(HEFCE)通过引入具体的经费来扩大对残疾学生的帮助。其经费一方面用来改善高校环境使残疾人能够在大学校园中生活;另一方面用来发展和帮助支持残疾人日常生活的机构。这些机构的功能主要是协调学生的支持需求,并确保为个人提供合适的设备和照顾。早在 1974 年,英国政府就出台了国家层面的高校残疾学生补贴制度,所有本科和研究生阶段学习的全日制、非全日制残疾学生都可以享受这项资助[①];在美国也有非常多为残疾学生提供支持的项目计划,如华盛顿大学为残疾学生提供的 DO-IT(Disabilities, Opportunities, Imternetworking and Technology)服务,为残疾学生提供多种从联邦政府到学校的奖学金、贷款等经费支持;而各州也会为残疾学生提供职业康复项目以及一般性奖学金和助学金等[②]。在苏格兰进入全日制高等教育机构学习的残疾学生只要达到发放生活补助资格的都可以申请残疾学生补贴(the Disabled Students Allowance, DSA),该补贴由三部分构成:基本补贴用于衣服,评估或购买个人所需的较小的设备;购买较大设备的补贴(如盲文打印机);用于支付为其提供服务的非医疗人员的费用[③]。

(三)无障碍环境的建立

美国密歇根州立大学为听力障碍学生提供辅助听力设备、手语翻译、实时字幕、住宿环境支持、考试支持等[④],以便帮助他们更好地融入高校学习和生活。加拿大韦仕敦大学图书馆、蒙特利尔大学图书馆在每一楼层均配置了屏幕放大镜、语音转化器、盲文刻印机等设备,支持智力、视力障碍学生阅读所需文献[⑤]。Collins 等人发现,澳大利亚高校的无障碍建设较为完备,能提供如轮椅通道、坡道、残疾人厕所和停车位等基础的无障碍设施,多数残疾学生对校方的设施表示满意[⑥]。

① 黄志军. 促进平等:英国高校实施全纳教育的背景及典型经验[J]. 中国特殊教育,2018(3):3-8.
② 卢茜,雷江华. 美国高校残疾人服务特点及对我国高校的启示[J]. 中国特殊教育,2010(9):28.
③ John Hall, Teresa Tinklin. Students first: The Experiences of Disabled Students in Higher Education[M]. Edinburgh: The Scottish Council for Research in Education, 1998:2.
④ 李欢,汪甜甜. 融合教育背景下美国高校对残障大学生特殊教育支持与服务体系研究——以密歇根州立大学为例[J]. 中国特殊教育,2019(4):6.
⑤ 林宜榕,束漫. 加拿大高校图书馆残障学生服务现状及启示[J]. 大学图书馆学报,2020,38(4):63-69.
⑥ 杨雪悦,谌小猛. 近十年国际高等融合教育研究热点及前沿趋势——基于 CiteSpace 的可视化分析[J]. 现代特殊教育,2022(20):63-72,78.

（四）高等院校师生对于残疾人的接纳态度

1. 正常大学生对残疾人的接纳态度

虽然西方国家通过各种各样的立法来保障残疾人的权利以实现社会公平，但是仅靠法律是不够的，最关键的在于态度。对于残疾人的态度的改变，可以改变正常人和残疾人之间的社会关系。尤其在今天，不断增长的残疾人人数大大提高了我们与之接触的概率，所以对残疾人的态度也就显得更为重要了。

从研究残疾人开始，就不乏关于态度及其成因方面的研究。大学生是一个拥有不同背景、社会地位、民族和经历的群体。他们今后很有可能在工作领域中遇到各种各样的残疾人，也可能会有机会为残疾人提供服务。所以大学生作为一个思想相对比较开放和包容的群体，他们应该能够以更加积极的态度去对待残疾人。此外，再加上"教育立法为残疾学生提供了更多与正常人接触的机会和平等接受教育的机会，所以对于正常学生而言他们更有可能在相对平等的基础上对待残疾学生"[1]。特别是随着媒体的宣传，法律和政策对残疾人平等权利的关注以及融合教育的实践，正常大学生的态度也较过去发生了很大变化。

从性别上来看，女大学生对残疾人的态度要好于男大学生，比男生更能够接纳残疾人，对于和残疾人共同工作或约会方面的理念更加包容[2]。这种性别上的差异可能来自传统的女性社会角色意识，即女性常常是养育者，并且与男性相比更加关心他人的福利问题。从专业上来看，与残疾人事业相关专业的大学生会表现出更为积极的态度，如康复专业的学生似乎更能理解和支持残疾人[3]；医疗助理比社会工作专业对待残疾人的态度更加积极；学习作业疗法课程的学生在课程开始和结束时都表现出积极的态度，尤其

---

① Hunt B，Hunt C S.Attitudes toward people with disabilities：A comparison of undergraduate rehabilitation and business majors[J]. Rehabilitation Edudcation，2000，14（3）：269-283.

② Hergenrather K，Rhodes S.Exploring Undergraduate Student Attitudes Toward Persons With Disabilities：Application of the Disability Social Relationship Scale[J]. Rehabilitation Counseling Bulletin，2007，50（2）：66-75.

③ Rosenthal D A，Chan F，Livneh H.Rehabilitation students' attitudes toward persons with disabilities in high-and low-stakes social contexts：A conjoint analysis[J]. Disability and Rehabilitation：An International，Multidisciplinary Journal，2006，28（24）：1517-1527.

是当学生直接接触残疾人后的态度比只在教室里学习理论知识时更加积极[1]；而经济专业的学生对待残疾人的态度则没有康复专业的学生积极[2]。从接触程度上来看，正常大学生和残疾人接触得越多，态度就越积极。Chew等人考察了196名大学生对待多动注意障碍同伴的态度发现：和多动注意障碍同伴接触越多的人对他们的态度越积极[3]。此外，是否接受特殊教育相关课程，也会极大地影响大学生对残疾人的态度。如大学生在学习了关于特殊教育的介绍性课程后对待智力障碍人群的态度会变得更加积极和明确[4]；Rice发现政治学专业的学生中学习过特殊教育课程的人比没有学习过的人态度更积极[5]。

2.教职员工对于残疾人的接纳态度

高校教职员工的态度关系到残疾学生的学业成败，也会对高等融合教育的质量产生影响。在这些支持因素中研究者发现教师的态度，对残疾学生需求的认识以及相应的知识和技能是非常重要的。教师消极的态度尤其会对那些隐性残疾的学生造成不良影响，使他们不敢暴露自己的残疾以及争取应有的权利。高校的教职员工如果和残疾人有过接触或有一定了解的话，他们的态度会比较积极。从学校层面来说，大多数人都持社会模式的观点，认为残疾和社会支持之间有着密切的关系；但是由于早期医疗模式的盛行导致教职工和学生在现实生活中常常会遭遇两种模式的冲突。他们更多时候会在无意识中使用医学模式，比如说"某个人需要帮助"却不认为这是某个人的权利。特别是当残疾学生不能很好的完成学业时，教师可能会将其视为一种失败，然后

[1] McKenna K, Scholtes A, Fleming J, et al. The journey through an undergraduate occupational therapy course: Does it change student's attitudes, perceptions and career plans? [J]. Australian Occupational Therapy Journal,2001,48(4):157-169.
[2] Hunt B, Hunt C S. Attitudes toward people with disabilities: A comparison of undergraduate rehabilitation and business majors[J]. Rehabilitation Edudcation,2000,14(3):269-283.
[3] Brandi L Chew, Scott A Jensen, Lee A Rosén. College Students' Attitudes Toward Their ADHD Peers[J]. Journal of Attention Disorders.2009,13(3):271-276.
[4] Tait K, Purdie N. Attitudes toward disability: Teacher education for inclusive environments in an Australian university[J]. International Journal of Disability, Development and Education,2000(47):25-38.
[5] Rice C J. Attitudes of undergraduate students toward people with intellectual disabilities: Considerations for future policy makers[J]. College Student Journal,2009,43(1):207-215.

认为残疾学生应该接受特殊教育而不是占据一个普通教育的名额。而高等融合教育的迅猛发展和高校工作人员的准备不足,使得这个问题显得更为突出。以英国为例,在英国并没有单独招收听障学生的大学,所以这些听障学生都分散于各个高校。而普通高校中的工作人员,要么没有接受过社会模式理念的培训,要么自身对残疾的经验和认识非常有限。所以在实际工作中,工作人员很少能从自己的生活中去意识到社会模式的重要性,并将其与自己的日常生活经验区别开来。由此可见,相对于态度改变来说,高校硬件支持的发展程度更高。尽管很多学生能够获得来自工作人员的支持,但是这主要依赖于工作人员个人的意愿,而不是被当作他们工作的一部分。虽然对残疾学生有积极态度的教职员工能更好地适应学生的需要,但即便高校的教职员工乐于为残疾学生提供服务,却又容易因为他们的专业知识有限、对学生需求的不理解以及对特殊教育法律的不熟悉,使得他们不知道应该如何去为这些残疾学生提供服务。

(五)家庭支持

家长在残疾学生接受高等教育的过程中扮演着一个重要的角色,通常家长的意愿会在很大程度上影响孩子对于高等教育的看法。比如说,家长可能会为残疾孩子决定接受支持服务以及独立生活所需要掌握的知识和技能的程度。家长既想让孩子过上独立正常的生活,却又害怕孩子无力独自面对在高等教育过程中所遇到的各种问题。这种矛盾的心理也为残疾学生带来了不利的影响。如有的家长为了让自己的孩子像正常人一样独立,建议他在参加活动时不要使用支持服务。但结果却可能让孩子变得更加依赖自己的亲人或朋友的支持。这可能就会导致残疾学生无法获得社会技能并缺乏在高等学校中独立生活的自信。

五、残疾大学生在高等融合教育中的经历

残疾学生接受高等教育、获取学位对于他们在劳动力市场的薪资和人生定位都会有重要的影响。然而与正常同伴相比,残疾大学生在学校里学习会遇到更多的障碍,最后的学习结果也不是非常理想。此外,尽管在高等教育中扩大教育机会和提高参与机会的呼声很高,但是却很少能够听到残疾学生的

声音。Oliver 发现关于残疾人的研究常常很难包括残疾人本人或反思他们的观点,而是让他们远离了研究过程[1]。再加上残疾学生在高等教育机构中是一个少数群体,这使得很少有人知道他们在高等教育中的经历。而这种对残疾学生鲜活经历展现和思考的缺乏,却正是研究中所需要的。所以尽管关于残疾人的各种法律致力于提高残疾人接受高等教育的入学率,但高校中的融合安置却很难消除歧视和边缘化,从而导致这些学生在学校中仍然要面临很多问题。

(一)残疾学生对待残疾的态度

Miller 等人发现医学专业的学生不太愿意承认自己的残疾,这是由于他们对待残疾的态度仍然是从医学模式出发[2]。基本上所有的残疾学生都希望被他人看作是一个独立的个体,而不是残疾人[3]。所以不论学生是否承认自己有残疾,他们都极力想摆脱残疾的标签。但这又让他们陷入另一种两难的境地,如 Synatschk 以个案的形式对 5 个成功完成学业的学习障碍大学生进行访谈发现:他们虽然渴望独立,但又不得不使用各种适合他们的服务和支持,这让他们感到非常的矛盾[4]。此外,对于残疾的态度还会受到他们自身残疾类型和程度的影响,有较为明显的两种态度倾向:一种是承认自己的残疾,以便获得更多的支持,这在残疾的外部特征比较明显、程度比较重的学生身上体现较多;另一种是不承认或者根本意识不到自身存在某种障碍,这在那些隐性残疾的学生身上最为明显,如学习障碍、阅读困难等。

(二)对学业融合的感受

大多数残疾学生对于学校的支持,尤其是硬件支持都是持肯定态度的。West 和 Kregel 等人调查了 40 所大学的残疾学生以确定他们对自己学校的特殊服务、学习资料的利用率和住宿的满意度,结果显示他们对自己学校提供的

① Oliver M.Understanding Disability From Theory to Practice[M]. London:Macmillan,1996:103
② Miller S, Ross S, Cleland J.Medical students' attitudes towards disability and support for disability in medicine[J]. Medical Teacher,2009,31(6):272-277.
③ Shakespeare t, watson N. 'The Social Model of Disability:An Outdated Ideology?'[J]. Research in Social Science and Disability,2002(2):9-28.
④ Synatschk K J O.Successful college students with learning disabilities:A crosscase analysis from a life-span developmental perspective[D]. Texas:University of Texas,1994:5.

服务很满意①。Elacqua 也对 37 个来自美国中西部一所中等规模大学的不同残疾类型的学生做了相似的研究:大多数被调查的学生都对他们所接受到的服务感到满意,并且非常熟悉转诊程序和可利用的支持服务②。Keim 的研究进一步证明了学校支持与残疾学生学习成绩之间呈正相关,即学校支持越多,学生越容易取得更好的成绩③。上述研究都证明了当前高等学校在接纳残疾学生方面取得了很大的进步,尤其是在各种硬件设施上,即便这种改进是基于"福利模式"。但学业支持也是非常有限的,比如 Jackie 发现尽管与融合相关的专家、信息和实践对于残疾学生来说都是有用的,但是学校其他教学人员对于残疾学生的需求却很少有回应④。

(三)对社会性融合的感受

对于残疾学生来说,他人的接纳态度在一定程度上会影响他们的大学生活质量。残疾学生在高校中的融合经历和感受的变化也正是高校不断改善支持、提高融合教育质量的过程。对于残疾人来说,面临的最大问题还不是设备支持、信息等,而是不能被平等地对待。因为人们常常把残疾人看作是一个没有完全行为能力、总是需要被他人照顾的个体。特别是在 20 世纪 90 年代初,高等融合教育刚刚兴起,此时大多数残疾人在试图进入高等教育时都遇到过歧视。但随着残疾人法的实施,这种歧视状况逐渐有所改善。Denny 和 Carson 对 41 个来自一所市内大学的残疾学生的调查发现:仅有四分之一的学生觉得社区大学对他们的态度较为积极⑤。所以融合对于接受高等教育的残疾大学生来说,不仅仅是学业上的支持和调整,更重要的是充分享受社会生活和被平等地对待。

---

① West M, Kregel J, Getzel E E, et al.Beyond Section 504: Satisfaction and empowerment of students with disabilities in higher education[J]. Exceptional Children, 1993(59):456-467.

② Elacqua T.Perceptions of classroom accommodations among college students with disabilities[M]. Washington, DC:EDRS, 1996:78.

③ Keim J.Academic success and university accommodation for learning disabilities:is there a relationship? [J]. Journal of College Student Development.1996,37(5):502-509.

④ Jackie Goode.'Managing' disability:early experiences of university students with disabilities[J]. Disability and Society,2007,22(1):35-48.

⑤ Denny G S, Carson E K.Perceptions of campus climate for students with disabilities[M]. Washington, DC:EDRS.1994:90.

虽然获得了各种支持,但是学生认为学校在融合的文化上仍然存在很大的障碍。要知道只有文化的改变,才能从长远意义上改善残疾学生在普通高校接受教育和人际关系的状况。而现实情况却是残疾学生很难从管理者那里获得理解和合作,工作人员和其他学生缺少适应性的帮助和其他调整。所以在残疾学生看来,要让整个班级进行调整以适应自己是相对困难的。在现实生活中常常是教师明白残疾学生的需求,但是仅有极少人愿意改变自己的课程来适应他们的学习需要。研究者通过考察高校残疾人支持服务在 35 个听障学生在融合教育中的角色发现:残疾学生在高等教育机构中的学业融合水平远高于社会性融合的水平[1]。学生感觉能够适度地融入学校的学习体系,但是很难融入学校的社会体系。

六、存在的问题

(一)政策和实践之间的差距不容忽视

从当前国外高等融合教育的发展来看,融合已经成为一个不可避免的趋势。政府以法律和政策的形式保证残疾人接受高等教育的权利,提高了对"非传统"学生群体的关注。这些政策和法律在为残疾学生提供支持方面取得了一定的成绩。以美国为例,融合教育的推动因法律的制定而日渐周全,逐步涵盖从幼儿园到大学阶段所有需要接受教育的特殊需要人群。而且这些法律都主张从公平出发,为特殊学生提供一种他们所需要的服务。

但是政策立法所取得的成绩并不能彻底地改变残疾学生接受高等教育的不公平现状。首先,尽管西方国家在立法和对残疾学生的关注等方面有所改善,但是低入学率和高辍学率仍然是一个问题[2]。而这些正是当前高等教育的支持不足,不良社会态度和社会隔离,财政经费不足的结果。残疾学生的到来给高校带来了巨大的挑战,这不仅仅是让他们进入教学楼的问题,更是涉及课程、教学、评估等一系列相关的问题。尽管高校有提供平等教育机会的准则,但是怎么做以及在实践中做到什么程度却没有确切的规定。

---

① English K M.The role of support services in the integration and retention of college students who are hearing-impaired[D]. California:San Diego State University,1993:1-10.

② Dutta A,Scguri-Geist C,Kundu M.Coordination of postsecondary transition services for students with disability[J]. Journal of Rehabilitation,2009,75(1):10-17.

其次,关于残疾界定的不清晰,也使得政策执行时存在一些漏洞。2009年美国国会通过的《美国残疾人法案修正案》(*Americans with Disabilities Act Amendments Act* (ADAAA),2009)特别强调了美国残疾人法案存在的问题,包括残疾定义的清晰表述。Heyward 描述了很多学院和大学在实施该法时面临的问题,尤其是军队和高校所使用的残疾定义可能并不相同,使得残疾学生的需求很难得到相应的满足①。所以法庭和政府应该如何解释这些条款都是在未来需要解决的问题。

再者,残疾学生对残疾身份的不认同也致使政策的实施困难重重。学生想要获得"残疾学生补助"的前提是必须承认自己有残疾,但立法在这个方面的规定则缺少了对残疾学生自尊的考虑。这可能成为影响立法能够公平有效实施的一个障碍。相对于残疾而言,残疾学生更愿意选择其他的身份,如单亲家庭、基督教徒或同性恋。很多残疾学生希望像正常人一样生活,所以他们不愿意告诉其他同学或老师关于自身的障碍。尤其是与肢体残疾和感官残疾的学生相比,那些阅读障碍或精神健康有问题的学生,更不认同自己的残疾身份。一些学生可能会为了获得残疾学生补助而承认残疾的身份,但是在他们的自我意识里却不会认同。此外,大部分的学生都没有意识到相关法律的存在,而且他们也不愿意寻求法律的帮助。

(二)文化氛围的营造仍显不足

不管上述各种法律存在何种缺陷,但不得不承认的是这些法律一方面试图为残疾人创造社会的、经济的和公共的空间;另一方面也逐渐让人们认识到在这些领域需要做出调整。但是法律无法改变文化中缺少的东西,要实现对残疾学生的积极支持需要的不只是立法的改变。所以对于大多数高等教育机构来说,简单、机械地完成法律规定的义务是远远不够的,更需要通过文化氛围的改变来真正实现融合。首先,这要求高校不是把这些学生看作是需要解决的负担和问题,而是促进学校发展的积极因素,把过去将"残疾学生看作是一个外来者"的观念变为接纳、包容所有的人。其次,大多数人仍然认为大学不应该改变对残疾学生的标准。之所以有这种看法,是因为人们认为残疾学

---

① Joseph W.Madaus.The History of Disability Services in Higher Education[J]. New Directions for Higher Education,2011(154):5-15.

生的表现是可以通过高等教育的改善达到国家规定水平的,因此没有必要降低对他们的标准和要求。而这也是人们接纳残疾人接受高等教育的原因所在。由此可见,文化氛围的营造是改变态度的有效途径,也是融合教育推进的关键之一。由于高校教职员工和学生事务管理人员的态度从学校层面和个人层面都会对残疾学生产生影响,进而对高等融合教育产生影响。所以随着越来越多的残疾学生涌入高等院校,文化氛围的改变和高校师生的态度已经成为高等教育发展中迫在眉睫的问题。

(三)不断增加的残疾类型对高校服务提出更多要求

目前高校中残疾学生的入学率较过去有很大提升,但是同时面临的问题就是残疾类型开始变得越发复杂和多样化了。尤其是诸如学习障碍、心理或精神残疾等隐性残疾的学生人数呈现增长趋势。尽管其中很多是轻度,仅需要较少的支持,但是其他还是有很多是相对较严重的,他们所需要的支持可能超过了目前高校咨询中心所能提供的范围。此外,尽管自闭症障碍谱系的学生在高校中较少,但是这个群体却一直在增加,这也是非常值得关注的。这种情况对高校提出了新的要求,需要高校提供相关的新的服务和政策。所以在高校中不断增加的残疾类型,尤其是那些隐性残疾为高校的支持服务带来了极大的挑战。这些学生虽然没有明显的外观损伤,但是他们所需要的支持服务也许比显性残疾的学生更多,也更具有难度。这种难度一方面来自高校以往经验的缺乏,因为在过去高校接收较多的是感官或肢体残疾的学生;另一方面则来自他们自身的需求更加多样化和个性化。然而,这又是高校今后发展过程中将会越来越多地面临和需要去处理的现实问题。

第二节 我国高等融合教育发展简述

一、我国高等融合教育的发展历程及界定

高等融合教育作为特殊教育发展的一个新阶段,它既是对以往特殊教育思想和观念的延续,也是特殊教育走向更高层次的一个新的开始。所以,从回顾中国特殊教育的发展历史开始,来厘清我国高等融合教育的发展历程是非常有必要的。纵观中国特殊教育的发展历程,不难发现相对于西方社会来说,

这个过程显得更为漫长,也更为平缓。

中国自古以来对残疾人就有怜悯同情之心。这与西方国家早期的杀戮和抛弃相比,更为宽容和人性化。例如西周时期的宽疾政策,春秋时期的养疾和量才使用残疾人政策,到宋元时期的收养、救济残疾人等政策都为残疾人提供了一个较为宽松的生存环境[①]。然而尽管我国的残疾人在古代有一个相对较好的生活环境,他们的教育问题却一直停滞不前。除了比较具有代表的神童教育以外,其他残疾人大多没有机会接受教育。这种状况真正得到改善则是在鸦片战争之后,随着西方殖民国家的入侵,西方传教士首先在我国建立了一批正式的特殊教育机构,如 1874 年英国传教士在北京创办的第一所盲校,美国传教士于 1887 年在山东登州创办的登州启音馆。这都宣告着我国特殊教育的雏形开始形成。我国的一些实业家也开始创办特殊教育学校,如张謇于1916 年创办了南通盲哑学校。然而在那个战火连天、硝烟纷飞的年代,特殊教育的发展十分缓慢,残疾人的受教育状况也没有得到太大程度的改善。直到新中国成立,我国的特殊教育受到了国家的高度重视,因而也就获得了空前的发展。

(一)基础教育阶段随班就读的探索

随班就读作为我国本土化的一种教育理念,从 20 世纪 80 年代开始正式得到尝试和推广。虽然随班就读的形式很早就已经在我国农村地区存在了,但是它的正式提出是在 1987 年 12 月 30 日,国家教委《关于印发<全日制弱智学校(班)教学计划>(征求意见稿)》的通知中提出"在普及初等教育过程中,大多数轻度弱智儿童已经进入当地小学随班就读……对这种形式应当继续予以扶持,并帮助教师改进教学方法,加强个别辅导,使随班就读的弱智儿童能够学有所得"。1988 年,国家教委副主任何东昌在全国特殊教育工作会议上的发言中关于我国特殊教育发展格局的建设时,再次提到了随班就读。与此同时,《中国残疾人事业五年工作纲要(1988—1992)》中对多种形式办学予以了肯定,并鼓励轻度肢残、轻度弱智、弱视和重听等特殊儿童随班就读。在有力的政策支持下,我国于 1987 年开始了盲童和聋童随班就读的试点探索并取得了良好的成绩,随后我国随班就读工作开始在全国推广开来。2003 年

---

① 朱宗顺主编. 特殊教育史[M]. 北京:北京大学出版社,2011:37

《全国随班就读工作经验交流会议记录》中充分肯定了随班就读工作所取得的显著成绩,如据统计数据显示,2012年我国残疾学生在校数为37.88万,其中小学、初中随班就读和附设特教班在校生为19.98万人[1]。在政府的大力推动下,我国已经形成了随班就读和特殊教育班为主体,以特殊教育学校为骨干的残疾儿童义务教育体系。可见,随班就读不但成为我国解决特殊儿童享受教育权利的主要方式,而且成为实施融合教育的主要途径[2]。在我国随班就读工作取得数量性成绩的前提之下,当前人们开始越来越关注其质量问题。2008年《中华人民共和国残疾保障法》第二十五条规定:"普通教育机构对具有接受普通教育能力的残疾人实施教育,并为其学习提供便利和帮助。"在此处,教育权不仅仅是指入学的权利,还包括教育的质量。虽然人们关于随班就读还有很多争论,但是实践已经证明它的确是目前适合我国国情的一种有效形式,特别是它与融合教育思想的不谋而合,使我国迅速完成了同世界教育发展趋势的接轨。

(二)高等教育阶段的融合教育探索

我国高等融合教育的发展,是对特殊教育和随班就读两种不同办学形式的满足。20世纪80年代初随着我国高考的恢复,残疾人无法接受高等教育的问题逐渐引起了社会的关注。随后在一系列文件中都强调高校在招生时对生活能够自理、不影响所报专业的学习及毕业后所从事的工作的肢体残疾(不继续恶化)考生,在德、智条件相同的情况下,不应仅因残疾而不予录取。教育部与卫生部于1985年修改了体检标准,放宽对残疾考生的限制。在这一系列文件的推动下,1987年,北京大学首次招收残疾学生,21名来自全国各地的残疾考生得以进入中国最高学府学习。第二年,又有11名残疾考生进入了北大。至此我国残疾人高等教育正式拉开了序幕,从此我国各地普通高校也陆续开始招收残疾学生。随后,从1989年《关于发展特殊教育的若干意见》到1994年的《残疾人保障法》再到《中国残疾人事业发展纲要》系列,均对残疾人高等教育事业的发展及招生工作提出了要求。如《残疾人保障法》第29条明确规定:"普通高级中等学校、中等职业学校和高

---

[1] 教育部. 我国教育事业取得长足进展[EB/OL]. [2013-07-11](2014-01-05).
[2] 雷江华. 融合教育导论[M]. 北京:北京大学出版社,2012:44.

等学校,必须招收符合国家规定的录取要求的残疾考生入学,不得因其残疾而拒绝招收;拒绝招收的,当事人或者其亲属、监护人可以要求有关部门处理,有关部门应当责令该学校招收。"1995 年辽宁师大率先在特殊教育专业中招收残疾学生,并进行随班就读实验。2003 年起,上海市开始尝试在普通高等院校以融合的形式招收视障学生,华东师范大学、上海师范大学等高校陆续接受了十多名视障学生就读①。

其次,《推进特殊教育改革和发展意见的通知》以及近年来的《全国特殊教育发展规划》中都多次对高等融合教育的办学规模等方面提出建议和指导,主张扩大招生规模、新建特殊教育学院等。如"十四五"特殊教育发展提升行动计划中再次强调:稳步发展高等特殊教育,加强高校特殊教育学院建设,增设适合残疾学生就读的相关专业,完善残疾学生就读普通高校措施。此外,为保障残疾人能够参加各类升学考试,《残疾人保障法》规定:应当为盲人提供盲文试卷、电子试卷或者由专门的工作人员予以协助。如南京特殊教育师范学院向参加四级考试的盲生提供了专门的四级真题试卷,并在考试过程中针对盲生延长考试时间,使盲生顺利通过考试。由此可见,我国政府所制定的法律政策和部门间的通力合作,既保障了残疾人接受高等教育的权利,又使残疾人高等教育事业从无到有,逐步走上了正轨。尤其是近年来在教育公平理念和高等教育大众化推动下,能够接受高等教育的残疾人人数逐年增加,教育的形式也越来越多样化。

(三)我国高等融合教育的界定

融合教育的内涵在于对普通教育和特殊教育间产生的问题进行改革,主张以更加融合的方式,将学生安置于普通教育环境中,在单一的教育系统内,向所有的学生提供服务。融合教育是对过去二元系统的强烈批判和反对,使所有学生无论是正常学生还是特殊学生都能从融合的安置中获益。基于融合教育的理念和我国高等特殊教育起步晚、发展相对落后的现实,在本研究中特将高等融合教育定义为:正常学生和残疾学生在完成中等教育的基础上在普通高等院校进行的专业教育,是培养高级专门人才的社会活动。其中残疾学生的招收对象以视力、听力和肢体障碍学生为主,教育层次遍布专科、本科和

---

① 刘春玲,江琴娣. 特殊教育概论[M]. 上海:华东师范大学出版社,2008:15.

研究生教育,但以专、本科为主;其目的在于提高残疾学生的专业技能和社会适应能力,为改善其生活质量做准备。

二、集中办学和随班就读共存的高等融合教育模式

正如融合教育的定义存在争议一样,关于融合教育的模式之争也从未停止过。模式的争论在很大程度上反映了人们对融合教育的不同理解。但是随着融合教育实践的不断展开,人们逐渐意识到融合教育并不仅仅意味着在同一个教室学习;更多的应该是参与到课堂中去;充分享受社会生活以及被平等地对待。所以,融合教育的模式也就不应该局限于某种固定的形式,其关键在于是否能够通过提供系统有效的支持与服务来实现教育公平,提高教育质量。从本质上来看,融合其实是一种哲学,而不是简单的地点的调整。即是说,当前对融合教育模式的理解应该从"服务"的角度出发来考虑安置,而不是像以往那样单纯强调"安置"。

(一)我国高等融合教育的基本模式

结合我国高等特殊教育起步晚、发展相对落后、容纳能力有限的现实,在本研究中将我国残疾人高等融合教育的办学模式归纳为以普通高校内小规模集中办学和普通高校随班就读为主,且类型和层次健全,如图 1.1 所示。从认可度较高的高等学历教育到非学历教育下的培训、进修,从全日制到非全日制,从专科到研究生教育,教育模式的实用灵活性和对教育对象的开放性和包容性使更多的残疾人有机会接受高等教育,都是实施高等融合教育的有效途径。这些教育模式的交叉和渗透,扩大了教育对象和教育规模,满足了不同的教育需求,是高等教育大众化和终身教育观的重要体现,有利于残疾人个人素质和职业能力的提高,从而能够大大地改善其生活质量。本研究主要探讨的是全日制普通高等教育下的残疾人融合教育模式,以普通高校内小规模集中办学和随班就读形式为主。其中普通高校内小规模集中办学按照教育管理层次不同又可以分为三种形式,但本质上都是正常学生和残疾学生共校学习的形式。

(二)我国高等融合教育模式的产生缘由

从前文表述的我国高等融合教育的发展历程可以看出,之所以现在出现

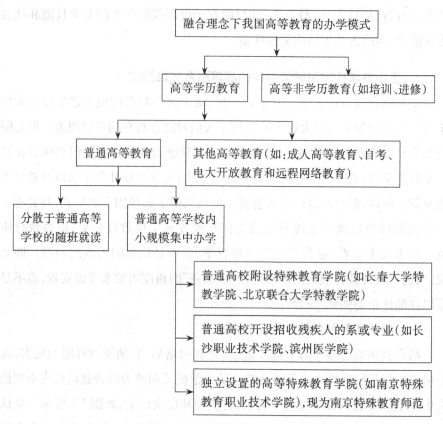

图1.1 我国残疾人高等融合教育办学模式关系图

这种部分融合与完全融合共存的教育模式,是有其特殊的历史文化、政治经济和国际背景的。首先,从历史发展来看,高等教育是对基础教育和中等教育的延续。这种延续不仅仅表现在办学形式上,还表现在对残疾人能力的认识上。由于我国特殊教育的发展深受苏联"缺陷补偿"理论的影响,所以人们常常关注的是残疾人的缺陷而不是其潜能。这表现在办学形式上就是隔离式的特殊教育学院(系),在培养目标、学位授予方面都比普通教育要低。同时这些隔离式的特殊教育学院(系)所对口的新生大多也是来自于隔离式的特殊教育学校。这些学生从接受基础教育开始就不被普通教育所接纳,或者说是由于残疾程度较重无法在普通学校就读。换言之,一方面是普通教育无法满足其教育需求,但另一方面也是普通教育对其能力的怀疑。所以隔离形式的特殊教育学院(系)在很大程度上满足了这类学生的需求。而完全融合的形式所针对的学生基本都是从小就在普通学校中成长的,他们程度相对较轻,能更好地适应普通教育。所以为了应对和满足不同类型学生的需求,我国出现了完全融合和部分融合的教育模式。

其次,从经济发展来看,我国目前的经济水平还无法为每个残疾学生接受高等教育提供所需的支持。所以两种融合模式的共存,集中了资源,降低了成本,能够在较短的时间内提高残疾学生接受高等教育的入学率,是一种在一定时间内行之有效的方法。

再者,从国际发展趋势来看,融合教育是必然趋势。但是目前也没有任何一个国家的融合教育是真正意义上获得成功的,所以在遵循国际教育发展规律的前提下,建立适合我国的高等融合教育模式是非常有必要的。从国际特殊教育的发展趋势来看,都经历了从隔离到融合的过程,但这个过程不是一蹴而就的,它需要有相对成熟的经济、政治和文化土壤。所以我国当前的高等融合教育模式是符合特殊教育发展规律的,也是符合我国目前国情的。

(三)我国现有高等融合教育模式的特点

1.普特共校学习,校内资源共享

普通高校内小规模集中办学和普通高校内随班就读两种形式虽然在办学形式上有所区别,但是两者的共性在于为残疾学生创建了一个共同的校园环境,既经济又利于融合。首先,这两种模式都以普通高等学校为依托,打破了传统"隔离式"特教学院的形式,使残疾学生可以直接享用高校现有的各种资源,在很大程度上节约了办学成本。其次,两种模式下的残疾学生和正常学生在同一个校园中学习、生活,共享相同的教育资源和人文教育环境,促进了两类学生的融合,也帮助残疾学生今后更好地融入社会[1]。这是我国在残疾人数量众多、经济水平和残疾人高等教育发展相对滞后的国情下,充分利用普通高等院校资源来发展融合教育的最佳途径。环境共享是目前实现融合最大化的有效途径,也是解决资金短缺的方法。两种模式所体现出的渐进层次,也正是我国在发展残疾人高等融合教育中正在经历的阶段和最终的发展趋势。

[1] 宗占国,庄树范. 创建中国特色的残疾人高等教育[J]. 中国高教研究,2005(4):47.

2. 能够更好地满足不同障碍程度学生的需求

通过表 1.1 的比较可以发现，"集中办学"的最大优势在于提供相对较好的支持服务、课程设置和就业，这对于重度障碍的学生来说是非常必要的。以就业为例，目前残联和绝大部分残疾人特殊院校都有固定联系，这为他们就业带来了一定便利。同时集中办学也能更好地满足残疾学生对友谊、归属感等的心理需求。而分散于普通学校的融合模式，则可以满足残疾学生想要获得更高层次教育的需求，也更有利于残疾学生的融合。

表 1.1　普通高校内小规模集中办学和普通高校随班就读的融合办学模式比较

	普通高等学校内小规模集中办学（普校内附设的特殊教育学院、系）	普通高等学校随班就读
招生方式	单考单招	普通高考
招生对象	重度视力障碍和重度听力障碍	轻度视力障碍、听力障碍、肢体障碍、自闭症等
办学层次	以专科为主（以 2012 年高校招生简章为例，18 所全日制普通高等院校中 11 所为专科，2 所为本、专科兼收）	专科、本科和少量研究生
培养目标	应用型专门人才	和普通教育相同
专业	传统的残疾人专业为主。如重度视障：针灸推拿；重度听障：以计算机、艺术设计等为主	自身身体限制以外的各种专业
课程设置	主干课程与普通高等教育相同专业基本一致，但在课程学时、课程内容和教学方式上考虑学生的障碍	和普通教育相同
支持体系	有相对较好的支持体系。如：学校和教育主管部门对残疾人的认识和了解、无障碍环境、经费的分配、对教师的协助与支持、学校社团、残联的支持等	缺乏相应的支持体系
就业方向	双向选择，自主择业。但主要面向残疾人的各级组织、机构，各类特殊学校和与专业对口的单位	和普通学生相同

但是,由于办学模式、办学要求的不同导致两种形式在教育层次和支持服务上不能兼顾。如"集中办学"模式的局限性主要体现在专业选择和办学层次上。而普通高校随班就读的局限性则主要体现在获得支持服务方面。因为普通高校随班就读主要针对轻度障碍的学生,由于他们分布较为零散,所以在普通高校往往难以得到较为系统的支持和服务。这也就意味着他们大多只能依靠自己和家庭,通过更多的努力和付出才能克服自身障碍所带来的各种不便去适应学校环境。

三、我国高等融合教育带来的积极影响

(一)使残疾学生在普通高校接受教育成为可能

我国政府出台了一系列政策法规从教育机会、教育过程和教育结果三个方面来确保残疾人高等融合教育的顺利推进,充分体现了教育公平的理念,具体如表 1.2 所示。

表 1.2　我国残疾人高等融合教育的相关规定

教育机会	教育过程	教育结果
1.不得拒收。 2.扩大规模(新建特殊教育学院或专业、拓宽专业设置、扩大招生规模、提高办学层次)。 3.提供特殊的考试方法。	1.对具有接受普通教育能力的残疾人实施教育,为其学习提供便利和帮助。 2.无障碍环境。 3.减免学费。	1.通过政策扶持,以就业为主。(如将残疾大学生纳入政策扶持范围、重点扶助;按比例安排就业;针对盲、聋大学生可适当提高扶持标准等。)

虽然我国没有关于特殊教育的专门法律,但现有的法规和文件对于我国残疾人高等融合教育都有相关的保证和支持。在一系列法律和文件的支持下,我国残疾人接受高等融合教育的人数呈上升趋势,如图 1.2 所示。从 2002 年到 2011 年十年间,在普通高等院校就读的残疾学生人数从 2547 人增加到 7150 人,翻了近三倍;而特殊教育学院招收的残疾学生人数也一直保持在一个较为稳定的水平。

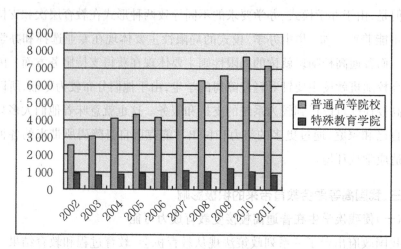

图1.2 2002—2011年高等院校录取残疾考生情况(单位:人)

数据来源于:中国残疾人联合会2002—2011年度《中国残疾人事业发展统计公报》

在保证入学机会的基础上,高校开始尝试通过创造无障碍环境,帮助残疾人在普通高等教育中能够顺畅地实现信息交流。《职业教育法》《残疾人教育条例和》和《残疾人保障法》对于残疾学生都提出"应当酌情减免学费和其他费用"或对"贫困残疾人家庭的学生按照国家有关规定给予资助"。全国各级残联也普遍建立了贫困残疾大学生资助制度,帮助他们更好地在校园里学习和生活。在教育结果方面,尽量通过政策的鼓励和扶持来帮助残疾学生能够顺利深造或就业,让他们更好地融入主流社会。越来越多的残疾学生能够进入普通高校接受教育,这也就意味着残疾人与正常人交往的机会越来越多。

(二)为两类学生提供了相互了解、互动与接纳的机会

越来越多的残疾学生进入普通高等院校,也就意味着他们与正常人接触、交往的概率越来越高。特别是对于那种一直从小学开始就在封闭式聋校、盲校中学习的残疾学生来说,高等教育不仅意味着在学习和专业上的提升,更是意味着在人际关系上会有新的突破。他们中的大多数人都是从外地来到一个陌生的城市接受教育,朋友、同伴就成为他们新生活中必不可少的一个要素。除此以外,在普通高校学习,与正常人交往也是他们不得不面对的一个现实。在这种环境下,或多或少都会增加他们与健听人交往的可能性和频率。在这个过程中,正常大学生对残疾同伴的接纳态度对残疾学生的社会性融合会产生至关重要的影响。

随着融合理念的推进,正常学生对残疾人接受高等教育的态度也越来越积极。从近年来我国的相关研究来看,普通高校大学生对高等融合教育基本持赞同态度,如陈莲俊、卢天庆对上海市 9 所高校 573 名在校大学生就残疾学生接受高等融合教育的态度进行调查发现,在认知维度上在校大学生对残疾学生及其接受高等教育的态度较为积极[1]。此后赵向东对北京 13 所高校健全学生的调查也得出了相同结论[2],陈光华也发现师范院校学生和社会人士对视障生接受高等教育持乐观态度[3]。但在实践中以听障学生为例,健听大学生在与听障大学生沟通交流和人际关系处理方面的接纳态度较消极;虽然在与自身无太大关系的社会性接纳行为上表现出较高的支持度,如支持国家立法保障残疾学生权利、支持学校尽量多招收残疾学生等;但是在需要自身实际参与的接纳行为方面则表现得相对较差,如提高手语水平、学习聋人文化、担任志愿者等方面[4]。农村大学生对于残疾大学生的接纳态度无论是从内心意愿还是从实际行动而言,都比城市学生显得更包容。这一方面可能是由于农村大学生自身也是弱势群体,所以他们更能够对同样属于弱势群体的残疾学生产生共情;另一方面也是由于我国农村特殊学校数量有限,因此很多特殊学生都已经随班就读,这也就为农村大学生提供了更多与残疾学生接触的机会和可能性。由此可见,普通大学生对残疾学生接受高等教育在理念上的支持和接纳,首先在思想上为融合的实现奠定了基础。这说明融合在意识方面的推进已略有成效,但是在行为方面的表现却差强人意。这种现象既是支持缺乏的表现,也是了解不足的必然结果。不得不承认的是,这种理念与实践的差距,直接影响到了我国高等融合教育的发展进程,是今后高等融合教育发展亟待解决的问题。

---

① 陈莲俊,卢天庆. 在校大学生对残疾学生接受高等融合教育的态度调查[J]. 中国特殊教育,2006(12):22-26.

② 赵向东. 北京高等教育中的残疾学生——北京 13 所高等学校残疾学生现状调查[J]. 中国特殊教育,2007(7):15.

③ 陈光华. 对视障生接受普通高等教育的态度调查[J]. 中国特殊教育,20005(12):36-43.

④ 庆祖杰,朱珊珊. 普通高校健听大学生对听障大学生接纳态度的个案研究[J]. 中国特殊教育,2000(10):50-53.

四、当前我国高等融合教育中存在的问题

虽然我国残疾人高等融合教育在近二十年来的时间里取得了令人瞩目的成绩,越来越多的残疾人能够和正常人一样进入普通高等学校学习、生活,并平等地享受教育资源。但从以上分析来看,我国高等融合教育发展的文化土壤和教育条件与西方国家是截然不同的。西方的高等融合教育是在隔离式特殊教育发展到一定阶段后,人文、法律等环境相对成熟的条件下应运而生的。而我国的高等融合教育则是在相对缺乏系统的支持和准备的特殊国情下发展起来的一种教育方式。所以,一方面我国特殊教育发展的水平可能会严重制约高等融合教育的发展,另一方面也会对残疾学生的社会性融合产生不利影响。

(一)我国现有的残疾人高等融合教育模式是遵循国际融合教育发展规律的必然产物

随着人类社会的不断发展,当前融合教育作为一种教育思潮正以迅猛的速度向世界蔓延,成为全球各国教育改革的推动力量。融合教育以其"平等、共享和参与"的理念,对教育界乃至整个社会领域都产生了巨大的影响。它不仅改变了我们的教育理念,更重要的是让我们对残疾人有了新的认识。因此,我国从20世纪80年代开始就已经在基础教育阶段探索残疾人融合教育,并形成了具有中国特色的"随班就读"模式。此后,为满足残疾人进一步接受高等教育的需求,目前我国残疾人高等教育逐渐形成了以特殊教育学院就读为骨干,以普通高校就读为主体,成人高等教育和远程教育等方式就读为辅的格局[1]。这种格局在短短的二十多年时间内极大地提高了我国残疾人接受高等教育的比例,使我国残疾人高等特殊教育逐渐向正规化和规模化的方向发展。所以在高等教育中发展融合教育既是必然的发展趋势,也是社会文明和平等的主要标志。

但是与西方国家相比,当前我国残疾人高等融合教育模式又存在着些许无奈。这种无奈首先是基于我国的国情:残疾人口数量众多、教育需求大以及特殊教育发展滞后。现有残疾人高等融合教育模式并不是在经过隔离式高等特殊教育阶段的探索后发展起来的一种对更高教育品质的追求,而是一种处于

---

[1] 黄伟. 我国残疾人高等教育公平研究[J]. 中国特殊教育,2011(4):12.

原始状态下为了满足残疾人接受高等教育而出现的融合①。这种融合模式既无法摆脱传统特殊教育的束缚,又缺乏深厚的民主、平等思想基础,是基于我国国情的实用主义,实属高等特殊教育起步晚的无奈之举。在这种融合模式下,残疾大学生与普通大学生之间的需求差异被掩盖,特殊教育需求被淡化。这也是致使能够接受高等融合教育的残疾学生类型和数量非常有限、从事高等融合教育工作的教师专业化水平低的原因之一。所以尽管我国高等融合教育在较短的时间内取得了一定的成绩,但是质量水平低仍是不容忽视的现实。

(二)高等融合教育的招生规模仍不能满足残疾学生接受高等教育的需求

自从 1984 年我国第一个关于招收肢体残疾学生的文件出现后,我国残疾考生平等获得高等融合教育的机会大大得到提高。如图 1.3 所示,从 2002—2009 年我国普通高等院校残疾学生录取率均在 85% 以上,这也就意味着绝大多数达到录取分数线的考生基本都能够进入普通高等院校学习。但此数据也说明了仍有一部分达到录取分数线的考生不能进入高等院校学习。尽管在政府层面有关于融合教育的政策文件,但在各高校中排斥的现象仍然存在。

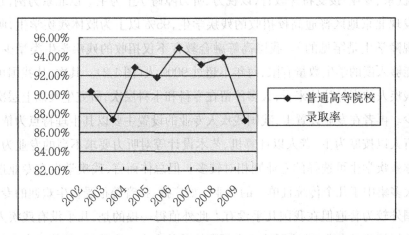

图1.3　2002~2009年我国普通高等院校残疾学生录取率

(备注:此图根据中国残疾人联合会网站教育年度数据计算而来。录取率=录取人数/达到录取分数线人数)

在相关法规政策和文件的支持下基本实现了残疾人高等教育物理空间的

---

① 张宁生. 残疾人高等教育研究[M]. 沈阳:辽宁人民出版社,2000:227.

融合(表1.1),但这仅仅是融合教育的第一步。而在教育过程和教育结果这些关乎融合教育质量的关键问题上,与世界发达国家相比仍有很大差距。以高校图书馆为例,虽然教育部2002年颁布了《普通高等学校图书馆规程(修订)》规定:高等学校图书馆应保护读者合法、公平地利用图书馆的权利,应为残疾人等特殊读者利用图书馆提供便利。但实际上我国大多数普通高校并未将为残疾人服务纳入主要的服务范围,尽管在很多高校图书馆入口处设立了残疾人通道,但图书馆内部相应的残疾人辅助设备、阅览室、服务制度等建设却跟不上建筑设计[①]。在教育结果方面更倾向于鼓励残疾大学生就业,对其继续深造缺乏相应的支持。

(三)招收对象、专业设置和办学层次局限性较大

目前而言,我国残疾人高等融合教育在招收对象、办学层次和专业设置上并不完善,局限性较大。如表1.1所示,当前我国高等融合教育主要招收视力、听力和肢体障碍三类学生。其中,进入普通高等院校接受普通高等教育,以肢体障碍学生为主;通过"单考单招"形式接收残疾学生进入高等特殊教育学院(系、专业)接受特殊教育,以视力、听力障碍学生为主。以北京为例,赵向东发现北京地区普通高校招收的残疾学生,95%以上为肢体残疾学生,听障和视障学生是罕见的[②]。我国高等融合教育不仅招收的残疾学生类型少,而且能够入读的学生数量有限,每年不超过9000人(图1.2)。其次,从我国可接纳残疾人的高等院校来看,大多停留在专科和本科层次,研究生及以上层次的很少。再者在专业设置上,我国残疾人专业的设置主要以其生理特点为依据,如盲人以按摩为主,聋人以计算机、艺术设计等对听力要求不高的专业为主,肢体残疾学生可选择的专业则相对较多。但总体而言,残疾学生在专业选择上大多集中于几个传统且单一的专业。如广播、播音等很受盲生欢迎的专业,在国外较为普遍但在我国几乎没有。此外值得一提的是,几乎没有残疾人可以选择师范类专业,造成了残疾人师资培养的空白。在我国,师范类专业是为国家培养各级各类师资的主要来源,而对于教师的传统要求以及教师资格证考核的必备条件等都使得残疾学生无法选择这类专业,如教师资格证普通话

---

① 胡松庆. 中日美高校图书馆残疾人读者服务比较研究[J]. 图书与情报,2011(5):93.
② 赵向东. 北京高等教育中的残疾学生:北京13所高等学校残疾学生现状调查[J]. 中国特殊教育,2007(7):15.

的要求就将聋人拒之门外了。

(四)其他障碍类型的学生高等融合教育状况堪忧

我国当前残疾人高等融合教育的对象为视力、听力和肢体障碍三类学生，招收对象的狭隘，对于其他希望获得高等融合教育的特殊需要群体而言是不公平的。首先，其他残疾类型的学生可能根本无法进入普通高校学习。而在美国，除智力障碍者没有能力进入高等院校以外，其他残疾者均可平等地通过考试进入各类高等院校学习①。如根据美国国家学习障碍中心1999年资料显示，残疾大学生中有29%存在学习障碍；美国残疾人高等教育协会的材料统计结果发现，招收学习障碍人学习的有1268所，招收自闭症学生的学校有3所②。其次，像学习障碍、情绪行为问题等无明显智力或外在残疾特征的学生即便能够进入普通高校学习，但教育质量如何不得而知。如当前我国高校在为残疾学生提供服务或者无障碍环境时，更多考虑的是视、听、肢体障碍群体，对诸如学习障碍、沟通障碍等学生却难以给予相应的支持。这也是传统特殊教育安置思维的弊病，即按照障碍类别提供相应的特殊教育支持，而那些在普通学校中没有取得特殊教育资格的学生就无法获得特殊教育协助。这类学生或许在物理环境上很容易融入普通学校，但由于得不到相应的支持，非常容易出现学业不良、人际关系困难等现象。

(五)融合大多局限于学校内部，没有实现高校资源共享

如图1.2所示，我国残疾人高等融合教育以普通高等院校为主，其对残疾考生的录取率在高等院校录取率中占到70%以上。虽然残疾学生在普通高等学校的人数远高于特殊教育学院，但矛盾也随之而来：一方面，特殊教育学院有相对于普通高等院校更好的支持性服务和资源，如手语翻译、盲文打印机等；相对较好的无障碍设计的公共环境；师生员工良好的接纳态度。而这一切都是残疾人接受高等教育的关键所在，也是普通高等院校所缺乏的。但是另一方面，普通高等院校有丰富的专业、师资等资源，并且还有更高层次的办学资历。但资源的不共享使普通高等院校只能招收那些教学上不需要特殊支持、障碍程度较轻的学生，如肢体障碍等；而特殊教育学院的资源则决定了它

---

① 宗世英,张晓梅,张宏燕,等. 残疾人公平共享高等教育资源的研究[J]. 现代教育科学,2012(3):145-148.

② 武红军,李强. 发展中国残疾人高等教育理论与实践[J]. 中国特殊教育,2005(1):12.

们更多接收的是程度较重的视力和听力障碍学生。因此普通高等院校丰富的专业、师资与特教学院相对完善的支持都只能服务于有限的、特定的人群,这既是缺乏资源共享的表现,也是我国当前残疾人高等融合教育规模难以扩大的原因之一。此外,资源无法共享带来的另一个后果就是影响残疾学生社会性融合的发展,不利于他们人际关系的扩展,而只能局限在学校内部。尤其在我国高校近年来由于扩招所带来的财政困境面前,实现资源的共享是提高残疾学生入学率和教育质量最现实、也是最快的途径。在这个方面,美国的做法非常值得借鉴。美国加劳德特大学承担起了资源提供和调配的主要责任,为各学院及时输送手语翻译、口语/手语训练等相关方面的人才①。此外,在加劳德特大学学习的学生不但享用校内全部资源,还可以享用华盛顿的全部资源进行学习,可到其他大学选课学习,实现了与其他大学的资源共享②。这种模式使资源共享成为可能,既提高了教育质量又节省了成本,受到了广大残疾学生的欢迎和认可。

从世界残疾人高等融合教育的发展来看,其已经从一个边缘领域逐渐发展成为一个引人关注的教育话题。高等融合教育充分践行了人权平等,保证公民权利的基本理念,给予了更多残疾学生接受高等教育的机会。但是与此同时随着残疾学生的进入,高等教育机构也面临着与以往截然不同的挑战。特别是在今天,高校所要面对的不仅仅是残疾学生这个微观层面的问题,还需要面对的是其家庭、普通师生乃至整个社会环境等中观甚至宏观层面的问题;不仅仅是接纳残疾学生的问题,更是促进其发展的问题;不仅仅是执行政策的问题,更是自我改变的问题。它不是对基础融合教育的简单延续,而是在尊重个体自我决定基础上的进一步升华。所以这个发展过程注定是艰难而曲折的,但也是非常值得期待的。

第三节 研究目的与意义

一、研究目的

从 20 世纪 80 年代至今,我国高等融合教育的发展已经取得了一定的成

---

① 刘颖. 二十世纪中后期美国聋人高等教育改革及其启示[J]. 中国特殊教育,2011(8):36-39.
② 童欣,曹宏阁,康顺利. 全纳教育视野下聋人高等教育培养复合型人才的探讨与尝试[J]. 中国特殊教育,2008(12):9.

绩,残疾学生的入学率得到了很大的提高,大众对残疾人的固有观念也得到了改善。但是不论是从残疾人整体接受高等教育的学业状况,还是在高校中的社会性融合情况来看,依然不容乐观。不论是在招收对象还是支持服务、学校层次等多个方面都显现出诸多令人遗憾之处。

由于残疾人高等教育在我国开展的时间并不长,所以公平性仍然是首先关注的重点,如在教育权方面还未能得到完全的实现和保障。例如,武红军等人以权利体系为视角,分析了我国残疾人高等教育的法律现状,发现当前存在对残疾人高等教育不重视、保障不全面、法律体系不完善等问题[①]。凌云志则从权利救济的角度对残疾大学生的受教育权、物质帮助权和就业权提出了建议,以维护残疾人的利益,推进残疾人高等教育的发展[②]。雷江华从理论和实践两方面论证了残疾人在普通高校接受教育的可行性,主张普通高校应该接纳和应对相关的问题和困难。

从整体来看,系统、深入的高等融合教育现场的研究与分析还是非常缺乏的。理论分析与实证研究还没有很好地结合起来,存在着理论探讨过多,实证研究过少的现象。高校研究者倾向于对国外经验的借鉴、对经验模式的总结,大多都是进行应然态的推理,而缺少通过实证的方法获取数据进行归纳分析的实然态研究。而将质与量结合起来的数据收集与分析方面的研究则几乎没有,所以致使当前的研究很难对高等融合教育进行全面的分析、概括与理论提升。

目前的研究主要还是集中于对国外经验的介绍和对已有模式、经验的总结和推广。诚然国外的经验的确值得借鉴,但是目前我国的特殊教育发展环境与国外差异较大,仅在融合的形式上就有所不同。尽管我国当前这种融合教育的模式离真正意义上的融合还较远。但对于那些已经进入普通高校学习的残疾学生来说,如何能够在现有的条件下最大化地实现融合,以促进自身发展是我国当前高等融合教育亟须解决的问题。

基于以上分析可见,我国高等融合教育的发展经历了与义务教育阶段随班就读类似的过程,即从对安置模式的探讨逐渐过渡到教育教学质量的关注;

---

① 武红军,吴惠祥,唐忠辉,等."人本特教"背景下残疾人高等教育法律保障的思考[J].中国特殊教育,2009(1):34-38.

② 凌云志.残疾人大学生的权利救济[J].扬州大学学报(高教研究版),2006,10(4):52-54.

并且目前关于我国高等融合教育的研究在数量和规模上都呈现出明显不足的特点,以规范的、实证的科研方法进行的研究数量较少。此外,这些研究几乎都是从上到下的,以一种宏观的方式,从正常人的角度出发以构建有效的支持体系、提高教育质量为目的来观察和研究残疾人高等教育。虽然在这个过程中开始逐渐萌发出融合的思想,在实践中也进行了一些探索。但是这种探索仍显得非常的原始和零散,缺乏系统性和指导性;而且其关注点主要集中在学业性融合方面,却忽略了残疾大学生作为一个社会人的需求。其次,我国当前关于融合教育的研究主要集中于基础教育阶段,以小学生为主,涉及高等教育的研究比较缺乏。这与基础教育阶段开展得如火如荼的随班就读相比,就相形见绌了。

然而一个成功的、高质量的融合教育不应仅仅涉及学业,还应该包括个体的社交技能和独立生活能力的发展,这对于残疾大学生来说显得尤为重要。例如对于所有的学生来说,进入大学学习首先意味着离开父母和熟悉的朋友,来到一个陌生的校园开始一种全新的生活方式。这是所有学生都可能面对的困难,只是残疾学生在这方面表现得更为复杂和突出而已。如 Hirst 和 Baldwin 的研究发现,30%~40% 的残疾大学生与正常同伴相比在独立生活、社交方面更容易出现问题[1]。但是在对人际关系的研究上,以往的研究则多从心理学出发,探讨心理健康问题。人际关系的研究也多局限于同伴关系,且同伴多以残疾同伴为主。这些研究大多从心理学、医学或教育学的角度出发,忽略了从社会学、文化学等多学科的角度来研究、探讨和解决问题。这也就容易使得以往的研究很难触及融合教育的本质。这既和研究对象的成熟度有关,也和研究的场域有很大关系。

所以本研究的主要目的是研究听障大学生的社会性融合问题,具体是指他们与健听人之间的人际关系现状,并在此基础上对我国听障大学生与健听人之间的社会性融合提供有效的建议。该研究从听障大学生出发,了解他们在与健听人交往的过程中认知、情感和行为经历。本研究的主要问题包括:

(1)了解听障大学生对与健听人人际关系的认知、情绪和行为三个方面

---

[1] Hirst M, Baldwin S.Unequal Opportunities: Growing up Disabled[M]. London: HMSO, 1994: 22.

的现状,存在的问题,并发现和总结听障大学生人际关系的特点。

(2)分析影响听障大学生与健听人人际关系的因素。这些影响因素又是如何与融合背景共同发生作用的? 同时这些因素在现实生活中并不是单独作用于人际关系的,所以本研究试图通过建立听障大学生与健听人人际关特征的系统模型,去综合考察它们之间的关系。

(3)分析听障大学生与健听人人际交往时,认知、情绪能力和行为模式三者之间的关系,如认知和情绪能力对行为的预测性,认知、情绪能力对行为的解释,以及行为是否会改变听障学生对健听人人际关系的认知、情绪能力等。

二、研究意义

(一)理论意义

1.丰富和完善残疾人高等教育领域的融合教育理论,促进融合教育理论的本土化

回顾特殊教育的发展历程,我们不难看到融合的发展趋势是无可阻挡的。但即便如此,融合理论从提出至今,经历了不断的争论和尝试,并且随着时代的变迁,也逐渐地被赋予了更多的内涵。从 2000 年后融合教育的研究趋势来看,赋权已经成为一个核心内容。融合的目的在于为所有人提供有质量的生活,强调个体在这个过程中的参与性,而不是一个被动的观察者或他人决定的接受者,应该为他们提供选择和决定的机会①。因此在今天,融合已经不再局限于为个体提供支持服务。尤其是普通高等教育机构与学生先前的初高中学校相比,它更像是一个大型的社区。残疾学生远离过去熟悉的生活环境和亲人朋友来到高校学习,他们需要面对诸多的挑战和机遇,而这些都将远不同于他们过去的经验。所以在这个社区中,所有的学生需要学会相互接纳和尊重,愿意分享彼此的想法和价值观,互相支持和协助,以获得归属感;同时,也借由融合教育的实施,以寻求实现和扩大"接纳和关照的社群"。所以本研究正是力图展现这样一种具有"社群感"的融合理念,并在此基础上完善和丰富目前高等融合教育理论。

---

① Renzaglia A, Karvonen M, Drasgow E, et al.Promoting a lifetime of inclusion[J]. Focus on Autism and Other Developmental Disabilities,2003,18(3):140-150.

尽管近年来我国特殊教育事业迅速发展,但起步晚、发展稍滞后于西方发达国家却是不争的事实。这在特殊教育理论方面体现得尤为明显,纵观我国特殊教育基本理论,大多来自苏联或者是欧美国家。虽然这些理论相对成熟,也经过实践的证明,但是这些舶来品并不能完全适合我国国情的需要。再加上当前世界各国的融合教育都还处于探索阶段,其经验还不足以形成让他国学习的范本。虽然融合教育是世界教育的发展趋势,但是每个国家由于自己特殊的国情决定了在融合教育的发展道路上必然会有所不同。正如有学者所言:融合教育背后的平等、个性自由、多元等西方哲学观念在我国没有或很少得到强调①。经济、文化发展的差异,再加上我国残疾人数量庞大的现实,使得融合教育在我国的发展面临着与其他国家不同的困难。其次,实证研究的不充分导致本土化融合理论的生成困难。虽然从 20 世纪 80 年代起我国就已经有了有关融合教育的尝试,但大多都是个案研究、体会或心得以及地方经验的总结,在实证研究上缺乏让人信服的数据,导致整体研究的水平不高、深度有限。那些经验式和政治动员式的研究②导致理论形成和提升的困难。所以当前在我国形成一套完整的本土化融合理论是迫切需要解决的问题。

2. 发现和归纳听障大学生与健听人人际关系的特点和规律

人际关系是人与人之间通过交往和相互作用而形成的一种心理关系③,是当代大学生普遍面临的问题。虽然目前关于人际关系的理论层出不穷,但是很少有具体针对听障人群的。尽管以前的研究证明听障人群的人际关系问题和健听人有着极大的相似之处,但是由于生理的限制,导致他们的人际关系又有其独特之处。尤其是当他们与健听人相处时,需要面对沟通方式、文化等不同所带来的巨大挑战。这种挑战不仅是对于他们而言,对健听人而言也是同样如此。而在这个过程中,又没有太多的经验可以借鉴,那么其中的难度就可想而知了。所以通过本研究,试图从听障人群的角度出发,了解他们在与健听人交往时的特点、问题,并总结其规律;关注听障大学生在与健听人进行人

① 邓猛,苏慧. 融合教育在中国的嫁接与再生成:基于社会文化视角的分析[J]. 教育学报,2012,8(1):86.

② 李芳,邓猛. 从理想到现实:实证主义视角下的全纳教育及其对中国的启示[J]. 教育研究与实验,2010,36(3):24-26.

③ 高湘萍,崔丽莹. 当代大学生人际关系行为模式研究[M]. 上海:上海社会科学院出版社,2008:1.

际交往时的心理感受,从而探寻适合他们的人际交往理论,从认知到情感再到具体的交往策略上进行完善和丰富。

3. 探索实现残疾人高等教育的理论模式

虽然社会公平一直是人们讨论的热点问题,但自从人类社会有了残疾人开始,歧视、不平等就一直伴随着他们,直至今天也没有消失。尽管人权和平等的观念已经成为一种不可抵挡的趋势,尽管今天我们大力倡导从社会模式的角度去看待残疾人,从我们自身的角度去寻找不公平的原因所在。但是不得不承认的是在我们的实际生活中,医学模式仍然大行其道。所以当这些争论在学术界或政治界掀起了巨大的波澜时,对于残疾人来说,他们能够切切实实感受到的是一种什么样的状况呢? 他们是否可以感受到公平的存在呢? 因此对于残疾人来说公平首先意味着拥有表达权,表达他们的意愿、喜好和需求。本研究正是尝试打开这样一个双向的通道,为残疾人提供自我表达的机会。在努力构建平等社会的今天,我们已经通过诸多的研究去了解、改变正常人对残疾人的态度,但是这种改变成效如何呢? 最有发言权的当然是残疾人了。从他们与正常人之间的人际关系中可以折射出社会公平的现状和进程。所谓公平,并不是说把我们认为最好的给他们就是公平,而是把他们最需要的给他们,才是有质量的、真正的公平精神。本研究试图从社会文化学的角度来探析听障大学生与健听人在人际关系中存在困难的各种原因。通过教育学、社会学、心理学的多学科交叉分析,使研究更加深入细致。其次,公平意味着残疾人应该拥有选择权。例如在人际关系中,他们有选择朋友类型、交友方式等等的各种权利和自由。所以本研究正是试图通过问卷和访谈的方式去展现当前在我国高等融合教育机构中的听障大学生在与健听人的人际互动中所面临的各种选择和冲突,以及他们在这种人际关系中的感受、抉择和经历。从而表达出一种以学生为本的人文理念,这是融合教育"面向所有学生"的最好体现,也是公平理念的体现。

(二)实践意义

1. 在听障大学生中建立、传播和巩固融合理念、促进社会公平的发展

作为融合教育的对象,我们的听障大学生大多缺乏融合意识和权利。这和他们的成长经历、以往的学习背景有着很大的关系。在本研究中所涉及的

高等融合教育听障学生高中、初中乃至小学阶段基本都是在聋校中度过的,所以缺乏融合理念和体验是在所难免的。而这种缺乏也对他们的大学融合生活造成了直接影响,主要表现为正常同伴少、关系不深入、互动困难等,这对即将迈入社会的他们来说是非常不利的。所以在听障学生中传播、建立和巩固融合理念,是对他们传统观念的挑战,但也是融合不得不迈出的关键一步。以往我们的研究总是极力帮助正常学生建立融合理念,如开设手语、特殊教育概论等课程,但作为一种双向、互动的交往关系,仅靠单方面的努力是无法完成的。即是说正常人向前走一步时,残疾人也需要向前迈步,才能使融合成为可能。此外,人际关系作为一种对互动性要求较高的关系,了解人际关系另一方的残疾学生就显得非常有必要了。而以往关于融合教育的研究中却大多从健听人出发,研究他们的接纳态度、接纳行为,却很少有人关注融合教育中残疾学生如何看待正常人、在这种人际关系中的情感体验等问题。

2. 为改善融合背景下听障大学生与健听人的人际关系、促进听障大学生心理健康发展提出合理建议,以提高其生活质量

荀子认为"人生不能无群",这句话说明了人际交往对人类发展的重要性。从生物学的角度来看,人际交往是一种本能的需要,它类似于动物的依附和合群倾向,人际交往的需要就是在最初的依恋关系基础上发展而来的。但是从心理学的角度来看,人际交往的需要不仅仅是一种简单的本能表现,而是蕴含着更深层次的心理需要和满足,也是人与动物之间的根本区别所在。20世纪40年代,马斯洛提出的需要层次理论指出:人际交往可以满足个体的"安全需要""爱和归属的需要"以及"尊重需要"。所以在马斯洛看来,"如果一个人被别人抛弃或拒绝于团体之外,他便会产生孤独感,精神就会受到压抑,严重者还会产生无助、绝望的情绪,甚至走上自杀的道路"。可见,人际关系的研究对听障大学生的心理健康发展有着重要的实践意义。

其次,人际关系作为每个人日常生活中每天都必须面对和处理的一种复杂的社会关系,一定程度上是衡量个体生活质量和社交能力的一个重要指标。而且对于听障大学生而言,人际关系的发展不仅仅反映了其生活质量,也是其社会性融合的一个关键因素,更是融合理念的终极目标。由此可见,讨论听障人群的人际关系是一个意义重大的话题。我国在2010年颁布的《国家中

长期教育改革于发展规划纲要(2010—2020)》明确提出"要逐步实现残疾学生免费高中阶段教育",届时残疾学生高中入学率将会得到极大的提升,从而使得接受高等教育的残疾学生人数进一步增加。这不仅为听障学生带来了更多的受教育机会,也为他们提供了更多与健听人交往的机会,这对他们的社会化发展起着至关重要的作用。人际关系包括人际接纳和互动两个方面,目前已经有一系列关于健听人对听障人群接纳态度的研究,研究者发现同伴的接纳对个体社会性的发展非常重要,对学业和认知的发展也同样很重要。如Flook,Repetti 和 Ullman 对 4—6 年级健听学生进行纵向调查发现,缺乏同伴的接纳会对听障学生的学业带来影响,同伴接纳不良会导致个体焦虑、悲伤、孤独,从而间接影响学业成绩[1]。

再者,人际关系既是一种接纳,也是一种互动。所以本研究试图通过听障大学生与健听人的人际关系现状,一方面为如何改善听障大学生与健听人之间的接纳态度、沟通技巧等方面提供一些有效的建议,以便建立良好、平等的人际关系,帮助听障大学生实现人格的成长,提高社会适应能力,从而最终改善听障大学生的生活质量;另一方面,也是通过听障大学生的态度反馈,使健听人能够反思自己在对待听障人群时的言行,为提高人际互动效率提供依据。

3.为高等院校构建和实施支持服务提供依据

评估支持服务是否有效的一个指标,应该是看它能不能够为接受服务者带来改变。在倡导融合的大趋势下,我们的学校为听障学生做出了各种调整和支持,如让健听人学生学习手语、建立无障碍通道等,这是我们从健听人的角度所能想到的各种各样的支持办法,但这只是一个应然态。而实然态——残疾人真实的需求到底是怎么样的呢?他们对我们所提供的支持服务是否满意呢?这是本研究需要去探索的一个问题。对于听障大学生来说,他们想要与健听人建立的关系绝不仅仅局限于信息提供,更需要有一种情感的满足和包容,这在人一生漫长的过程中是非常重要的。尤其是当这些需要转化为动机时,会产生一定的行为倾向,从而影响其人际关系的程度和质量。所以对听障大学生与健听人人际关系的研究,可以让学校的政策制定者和管理者更好

---

[1] Flook L,Repetti R L,Ullman J.Classroom social experiences as predictors of academic performance[J]. Developmental Psychology,2005,41(2):319-327.

的认识和了解听障大学生,使他们在制定或实施各种政策、方案的时候有据可依,切实做到从听障大学生的需求出发。

三、创新

(一)研究内容的创新

1.对以往研究形成补充

本研究一改以往研究对学业性融合的关注,转向对听障大学生的社会性融合进行探讨。在研究内容上的创新,既贴近了听障大学生的实际生活,也形成了对以往研究的补充。众所周知,社会性融合作为融合的最高目标,当前还没有一个国家有范例和蓝本可以借鉴。这和融合教育的发展程度有很大的关系,尤其对我国这样一个高等融合教育才起步二十多年的国家而言,很多融合教育的前期问题还没有解释清楚和处理好,因此这也就成为当前研究较少触及的领域。但是对于在校的残疾学生来说,社会性融合问题已经摆在他们面前,是一个亟待解决的问题。所以最好的办法和态度就是直面问题,在现有的基础和条件之上,提出相应的措施。

2.实现宏观和微观的结合

在研究内容上,过去的研究和实践,主要集中于探讨办学模式、入学机会、扩大规模等问题,或以介绍国外经验、理论为主。大多都是宏观的研究;却缺乏深入高等融合教育学校对残疾学生的生活、学习等真实感受进行的微观研究。但也正是这一个个微观的研究对象,奠定了宏观研究的基础。所以本研究在研究内容上,从听障学生每天都要面对的人际关系出发。融合教育的质量如何,不仅仅需要考察硬件和软件的支持,更需要考察融合教育服务对象的心理观感。本研究在宏观层面上,从我国高等融合教育现状出发,然后深入普通高等学校;在微观层面上对听障大学生进行实证调查研究,从中分析、归纳出具有操作性的、有价值的要素,并对宏观的特殊教育政策变革进行思考,实现宏观与微观的交叉融合。

(二)研究视角的创新

1.研究对象的转变

现有研究大多属于单向度研究,即从正常人的角度来讨论融合教育,如政策制定者、教师、家长等。虽然也有关于正常学生接纳态度的研究,但这种研究的基础是基于一种被动的、单向的融合倾向。而本研究以"教育应面向所有学生"的理念为基础,从主动的、双向的角度对高等融合教育进行了深入的调查和思考。本研究试图通过转换思维角度的方式,来向人们展示听障大学生在高等融合教育中,和健听人人际关系的经历与感受。这种研究对象视角的转变,能够更加全面地展现目前我国高等融合教育的现状以及面临的问题,为建立高等融合教育的支持系统提供依据。因为学校支持系统的核心和出发点就是这个特殊的群体,如果少了他们的声音,那么整个支持系统的有效性就值得商榷了。所以残疾大学生是高校建立支持系统的最好指导者,他们的参与可保证支持的适当性,又可以减少浪费,是整个研究中不可或缺的要素。只有站在边缘才能看到世界的全貌,本研究也是试图对少数群体——听障大学生与健听人的人际关系进行研究,以反映人类人际关系的多样性和不同特点。通过研究对象的转变,使本研究在以往研究的基础上,能够更加全面、丰富地展现人类社会的整体状况。

其次,融合教育的最终目的就是通过教育,改善残障人群的生活质量。而对于残疾学生来说,一个有质量的融合教育包括四个方面[1]:(1)计划;(2)实施;(3)参与者的经历和感受;(4)结果。在这四个方面中,计划、实施和结果都是外在的,也是相对比较容易去观察、测量和评估,是人们最关注、研究得最多的部分。唯有感受和经历部分,由于其内隐、主观性较强等特点,成为研究中的一个暗区。由此可见,过去的研究中很少触及残障人群的生活,总是以我们所预想的状态来为他们设计学习和生活。在这个过程中,残疾人就如同木偶般被操纵,却没有人过问他们的感受。之所以造成这种现象,一方面是因为这个群体的敏感性,以及和他们沟通的种种障碍。尤其在对儿童的研究上,大多只能通过他们的监护人去完成。虽然其中存在着各种困难,但作为教育工作者和研究者,我们必须去直面这些问题。这些问题不会因为我们的不正视而消失,反而可能会愈演愈烈,成为阻碍融合的一个重要因素。尤其是当我们的研究对象是残疾大学生时,他们是完全有能力,也有欲望去表达自己的感受的。所以如果不能够深入到听障学生的内心,我们将永远无法真正消除隔离。

---

① Siri Wormnaes.Quality of Education for Persons with Disabilities[R]. Education for All Global Monitoring Report,2005:1-5.

再者,虽然现有研究中不乏关于听障学生同伴关系的研究,但是这些研究缺乏一个融合背景,基本都是对处于聋校中的听障小学生、初中生进行研究或者是对听障大学生人际关系存在的问题进行研究,没有具体针对听障大学生与健听人人际关系的研究。而在以融合为背景的研究中,大多集中于正常大学生对于残疾人的接纳态度研究,听障大学生作为人际关系中的另一方由于彼此角色和位置的不同,在与健听人交往的过程中会有不同的体会和感受,但他们却似乎总是容易在研究中被忽略。这个一方面是由于调查操作性上存在困难,另一方面也说明了研究者在研究的过程中还没有真正践行从残疾人出发的理念,仍然是以主流社会的观念来分析和考虑问题,这容易以偏概全,无法全面、客观地反映出一个真实的人际互动过程,自然也就无法真正了解听障人群。所以,无论是科学研究,还是生活实践,缺少了听障人群和健听人中的任何一方都是不完整的。

2.多学科的结合

本研究的总体架构运用了多学科的理论和方法,以教育学、社会学、心理学、文化学为出发点,重新审视融合教育中听障大学生与健听人的人际关系,倾听他们的声音,探索他们融合经历中的人际关系,并以此作为依据为实践提供启示。以往的研究集中于为残疾学生提供教育机会并满足他们的教育需求,但是很少从残疾学生自身出发,去探讨他们对于融合的心理需求。所以本研究试图更加深刻地去探寻平等机会下残疾学生的体验,并从中得到结论。从心理学的角度研究听障大学生人际关系中的心理特点,在人格、心理健康等方面存在的问题;从社会学、文化学的角度探寻人际关系困难背后的深层次原因。在多种理论视角的综合运用下,了解听障大学生在人际关系中的真实感受并学会真正去尊重他们的感受和意愿。在此基础上,寻求能够实现他们与健听人良好互动的方法和措施。

（三）研究方法的创新

本研究结合使用质与量的方法来共同揭示融合校园中听障大学生与健听人的人际关系现状,使数据更加全面和丰富,填补了以往研究过于单一的缺点。首先,研究者对于在校的听障大学生用了量的研究方法,以问卷调查为主,以期能够在较短的时间内大范围地了解高等融合教育背景下听力障碍大学生与健听人的人际关系状况。其次,研究者再使用访谈的方式来进一步获取听障大学生在与健听人交往过程中遇到的困难和障碍、交往困难的原因等资料和数据。研究方法的多样化,既使得整个研究的数据更加丰富和完整,又能够更加全面、真实地展现高等融合教育背景下听障大学生与健听人的人际关系现状及存在的问题。

第二章　文献综述

第一节　国外研究回顾

　　人际关系对一个人的生活质量非常重要,有助于提高个人的思考和学习能力。一系列的研究表明良好的人际关系(如社交技能等)是个体成功的关键所在[1]。Elksnin认为:缺乏社交技巧的人常常会被别人拒绝,且容易伴随有心理健康的问题[2]。Bullis等人发现:90%的失业者是由于社交技巧问题而不是工作能力不足而导致失业的[3]。这在听障人群中体现得更为明显:听障人群由于沟通方面存在问题,非常容易导致人际关系不良。交流和语言的困难会影响听障人群的社会性发展。但是随着融合教育的发展,听障人群与健听人之间的人际交往已经成为一个不可回避的现实问题。以美国为例,联邦法律对融合做出了各种规定,如《康复法第504条》(*Section 504 of the Rehabilitation Act*,1973)《美国残疾人法案》(*The Americans with Disabilities Act*,ADA,1990)《残疾人教育法案》(*Individuals Individuals with Disabilities Education Act*,IDEA,1990)以及之后的《个人与残疾人教育改进法案》(*Individuals with Disabilities Education Improvement Act of 2004*,IDEIA,2004),都试图通过立法为残疾人提供充分和平等的教育、就业、交通和通信,从而增加正常人与残疾人的接触。但仅靠法律来强制性促进融合是不够的,也是不可能的。法律无法填补文化的缺失,因此要实现融合,改善听障人群与健听人之间的人际关系显得至关重要。

　　从已有的研究来看,研究者们大多倾向于从正常人的角度出来探讨残

---

① Malecki C, Elliott S. Children's social behaviors as predictors of academic achievement: A longitudinal analysis[J]. School Psychology Quarterly,2002,17(1):1-23.

② Elksnin L K, Elksnin N.Teaching social-emotional skills at school and home[M]. Denver:Love publishing company,2006:254.

③ Bullis M, Nishioka V, Fredericks H D B, et al.Scale of job-related social skill performance[M]. Santa Barbara:James Stanfield Co.,Inc.1997:125.

疾人的社会性融合问题,如正常人的接纳态度、支持等。例如对于残疾人的态度可以改善正常人和残疾人之间的人际关系;教育立法为残疾学生提供了更多与正常人接触的机会和平等接受教育的机会,同时随着媒体的宣传以及融合教育的实践,人们对待残疾人的态度较过去发生了很大变化。人们对于残疾人的认识逐渐从过去的医疗模式向社会模式转变,这种积极的态度为改善二者之间的人际关系奠定了良好的基础。但人际关系作为一种互动的过程,仅仅研究正常人显然是不够的。从20世纪70年代到90年代早期,政策上的逐渐变化使融合成为一种越来越重要的教育安置形式。以澳大利亚为例,随着《残疾歧视法》的诞生以残疾为理由拒绝适龄儿童进入普通学校学习已经成为一种违法的行为。所以研究人员也越来越关心在公立普通学校中学习的听障学生的社会性发展问题,如同伴交流和互动。在相关研究中对听障儿童的同伴关系研究较多,而对于听障大学生的人际关系研究相对较少。

一、普通大学生人际关系研究综述

人际关系是由一系列的心理成分构成的,具体是指人们在社会生活中,通过相互认知、情感互动和交往行为所形成和发展起来的人与人之间的关系[1]。健康的人际关系的建立和维系是大学生心理体验中不可分割的一个部分。特别是对于这些正处于成长时期的大学生来说,和谐的人际关系是他们的认知发展和归属感获得的关键因素。

(一)人际关系对个体的影响

数据显示:美国91%的在校大学生反映在网络上经历过各种不良的人际关系(如威胁、侮辱或羞辱)[2]。这种困难给个体生活的方方面面都带来了不利的影响。生理方面,Edwards发现消极的社会交往和不良的生理健康症状之间呈显著相关[3],Kiecolt也指出越来越低质量的社会关系与免疫功能受损有

---

① 迟毓凯,管延华主编. 大学生人际管理与辅导[M]. 北京:北京师范大学出版社,2010:2.

② Bennett D C, Guran E L, Ramos M C, et al.College students' electronic victimization in friendships and dating relationships:Anticipated distress and associations with risky behaviors[J]. Violence and Victims, 2011,26(4):410-429.

③ Edwards K J, Hershberger P J, Russell R K, et al.Stress, negative social exchange, and health symptoms in university students[J]. Journal of American College Health, 2001,50(2):75.

关[1]。学业方面,Martin指出人际关系对学生的学习成绩有直接影响[2],例如纽约大学11%学习成绩不佳的学生都存在人际关系问题。Kuth等人发现良好的人际关系可以帮助学生获得普通的教育技能并增加对艺术、文学以及人文方面知识的了解[3]。此外,大学环境会对学生与其同伴或学生与教师之间的互动本质和互动内容产生影响,从而影响学生的价值观。在Weidman的大学生社会化模式中,同伴互动可以使学生学会应对压力从而影响其社会化的结果。因此也有学者总结出大学生人际关系会对以下八个方面产生影响:语言能力、认知能力、社会心理、态度和价值观、道德发展、受教育程度、职业和经济收入、大学毕业后的生活质量[4]。但是尽管人际关系对大学生的发展如此重要,仍有报告发现韩国大学生由于社交技能的欠缺而出现很多人际困难和面临很大的压力。而这种对人际关系的不满意或失望会导致个体适应大学生活方面出现问题甚至会导致大学生活的失败。

(二)人际关系的影响因素

人作为一个社会性动物,他们的人际关系发展总会受到各种各样因素的影响,诸如认知、情绪、行为特点以及交往类型。而这也通过对大量学生的研究得到了证明。首先,人际关系作为一种人的心理活动,受到各种心理因素的影响。如研究者发现高水平的自尊和对大学的满意度与人际关系呈现正相关,而与寂寞呈负相关[5]。高自尊使人产生积极的自我认知,使个体在人际关系中充满自信和积极性[6]。其次,人是环境的产物,所以环境方面

① Kiecolt-Glaser J K, McGuire L, Robles T F, et al. Emotions, morbidity, and mortality: New perspectives from psychoneuroimmunology[J]. Annual Review of Psychology, 2002(53):83-107.

② Andrew J M, Dowson M. Interpersonal relationships, motivation, engagement, and achievement: Yields for theory, current issues, and practice[J]. Review of Educational Research, 2009, 79(1):327-365.

③ George D, Kuh C, Robert Pace, et al. The development of process indicators to estimate student gains associated with good practices in undergraduate education [J]. Research in Higher Education, 1997 (38): 435-454.

④ Yi-Hui Ho. The Impact of Interaction with Peers on College Student Development[J]. The Journal of Human Resource and Adult Learning, 2006(11):81-87.

⑤ Riggio R E, Watring K P, Throckmorton B. Social skills, social support, and psychosocial adjustment[J]. Personality and Individual Differences. 1993, 15(3):275-280.

⑥ Sandra L Murray, John G Holmes, Nancy L Collins. Optimizing assurance: The risk regulation system in relationships[J]. Psychological Bulletin, 2006, 132(5):641-666.

的影响不可低估。如家庭凝聚力或者与家人的情感联系,可以直接培养大
学生信任、主动性和忠诚的品质。如果学生在与父母的关系中产生过多的
内疚、怨恨和愤怒,将会对他们在大学中的人际关系和学业产生负面的影
响①。此外,被他人理解、支持或尊重可以帮助个体建立和维系让人满意的
人际关系。

(三)干预

鉴于人际关系受到诸多因素的影响,所以在人际干预时也更加倾向于系
统性、综合性的干预方法来提升人际关系。如戈登的父母效能训练、休闲治
疗、沟通训练以及理性情绪疗法等。这些方法的有效性都已经得到了证明。
例如研究者通过对女校学生进行言语互动和小组训练来帮助他们意识到关于
自身的积极实践并形成建构性观点以此来降低消极情绪②。然而尽管干预的
方法很多,但基本都是针对个体某个具体的人格特征或人际关系的某个特点,
却少有结合人际关系复杂而动态的本质特征进行干预的。

二、国外听障学生人际关系研究综述

对于听障人群来说,生理的限制而衍生出的一系列问题,使得他们的人际
关系显得更为复杂和特别。听障人群的人际关系既包括与听障人群之间的关
系,还包括他们与健听人之间的关系。从听障教育的发展历史来看,听障人群
很长一段时间都是被安置在隔离的机构或特殊学校中,这使得他们的人际关
系较为单一、贫乏,以与同类型障碍的人群交往为主。但随着融合理念的推
进,人们发现这种单一的人际关系不利于听障人群的发展。由于人际关系对
于听障人群的社会性发展具有重要作用,因此听障人群与健听人之间的人际
关系和互动成为一个不可回避的话题。尤其是在融合理念下,两者间的人际
关系如何才能达到最佳化,是作为研究者和实践者都必须去思考和解决的一
个问题。在本研究中,人际关系是指在校听障大学生与健听人之间的关系,健
听人包括在校师生、听障大学生的校外朋友、亲戚等。但在此处主要是指在校

---

① Lopez F G.Patterns of family conflict and their relation to college student adjustment[J]. Journal of Coun-
seling and Development.1991,69(3):257-260.

② Kim G H,Kim K,Park H.Outcomes of a program to reduce depression[J]. Western Journal of Nursing
Research,2011,33(4):560-576.

健听大学生。目前关于听障学生与健听人人际关系的研究结论不一,主要有两种结论:

(一)听障学生在普通学校中容易感到孤独和被隔离,人际关系的发展滞后于健听学生

在以往的研究中,大多数研究认为听障学生在普通学校中容易感到孤独和被隔离,其人际关系发展水平不如普通学生。Nunes和Pretzlik发现,聋生和他们的健听同学一样可能会受欢迎也可能会被拒绝,但是他们很少会在班级中拥有朋友[1]。研究者对听障成人进行访谈后发现,在特殊学校就读的学生比在普通学校就读的学生拥有更愉快的人际关系[2],而在特殊学校和普通学校都待过的听障学生则更喜欢特殊学校[3]。所以有人认为特殊学校在培养聋生的社交情感方面比普通学校更好。还有研究者将基础教育中的听障学生与普通学生对比后发现,听障学生在被接纳度、受喜爱程度等方面都不如普通学生[4]。即便为他们提供了同伴互动的机会但是这种现象不会随着时间的改变而改变[5]。尽管普通班级的教育可以提高听障学生的学业成绩,但是他们的人际关系反而没有在特殊学校中的听障学生好[6]。Cappelli和他的同事评估了23名在普通学校学习、使用口语交流的听障学生的心理发展,结果发现这些学生比他们的健听人同学更容易被人拒绝,其中4—6年级的学生比1—3年级的学生更易遭遇拒绝[7]。这意味着听障学生作为一个群体可能并不属于健听学生的社会圈。而且对于大多数健听人来说,他们的友谊是长期的,但是对于

[1] Nunes T, Pretzlik U, Olsson J.Deaf children's social relationships in mainstream schools [J]. Deafness and Education International, 2001(3):123-136.

[2] Mertens D M.Social experiences of hearing-impaired High School youth [J]. American Annals of the Deaf, 1989,134(1):15-19.

[3] Gregory S, Bishop J, Sheldon L.Deaf young people and their families [M]. Cambridge:Cambridge University press.1995:265.

[4] Cappelli M, Daniels T, Durieux-Smith A, et al.Social development of children with hearing impairments who are integrated into general education classrooms [J]. The Volta Review, 1995(97):197-208.

[5] Antia S D, Kreimeyer K H.Social interaction and acceptance of deaf or hard-of-hearing children and their peers [J]. The Volta Review, 1996,98(4):157-180.

[6] Stinson M, Kluwin T N.Educational consequences of alternative school placement [M]. New York:Oxford University Press, 2003:52-54.

[7] 同4

听障孩子来说友谊可能是不稳定的。这不仅仅表现在听障学生与健听人之间，即便在听障学生之间这种友谊的稳定性与健听人之间的友谊相比也较不稳定。这一方面可能是因为他们对人际关系中的社会规则和目标不太理解，另一方面则可能是由于听障孩子常常有消极的人际关系经历，所以他们在人际关系中更加脆弱也更容易出现放弃的现象。

(二)听障学生与健听人学生在人际关系发展方面没有差异

如 Wauters 和 Knoors 对 18 个 1—5 年级听障学生的社会性融合进行评估后发现与健听人同伴在接纳性和社会地位方面没有差异[1]。Bat-Chava 和 Deignan 调查了 25 个 6~10 岁植入了人工耳蜗的听障儿童，其家长认为他们在同伴关系上大有改善，但这仅限于一对一或小团体的交流，在大团体中他们还是会面临沟通的障碍[2]。Punch 和 Hyde 使用社交孤独量表对 65 名在普通教育中学习的 10—12 年级的听障学生进行评量后发现，他们与健听同伴相比并没有更多的孤独感[3]。Moog 和他的同事对 112 个 15~18 岁植入人工耳蜗的听障学生进行纵向研究发现，其中 98% 的人都称有健听朋友，这些听障学生在社交技巧方面和健听学生相同甚至优于健听学生[4]。

三、影响听障学生人际关系的因素

尽管能力不足可能会导致问题或交往不足，但是正常大学生和残疾大学生在交往情境中都知道应该如何表现出正确的行为。这说明对行为的认识不足并不是导致正常大学生和残疾同伴交往产生问题的关键因素。

(一)沟通方式

研究发现沟通方式和沟通技巧是影响人际关系最重要的两个因素。一般来说，口语能力有助于听障学生与正常人的交流和互动。Stinson 和 Whitmire

① Wauters L, Knoors H.Social integration of deaf children in inclusive settings[J]. Journal of Deaf Studies and Deaf Education, 2008, 13(1):21-36.

② Bat-Chava Y.Deignan E.Peer relationships of children with cochlear implants[J]. Journal of Deaf Studies and Deaf Education, 2001, 6(3):186-199.

③ Punch R, Hyde M.The social participation and career decision-making of hard of hearing adolescents in regular classes[J]. Deafness and Education International, 2005, 7(3):122-138.

④ Moog J S, Geers A E, Gustus C, et al.Psychosocial adjustment in adolescents who have used cochlear implants since preschool[J]. Ear and Hearing, 2011, 32(1):75S-83S.

发现喜欢使用口语的聋人青少年与正常青少年的互动更多[1]。Loy与同事评估了88名8~11岁和12~16岁有人工耳蜗的听障学生的生活质量,发现他们总体上与健听学生没有差异,但在友谊和学校生活维度上存在差异,人工耳蜗移植入得越早的学生在友谊方面的得分越高[2]。由此可见,人工耳蜗的植入时间越早(尤其是在学习语言的关键期),对口语的改善作用越大,个体也就越容易与健听人建立良好的人际关系。很多听障学生报告说良好的口语技能使他们能够和健听同伴一起参加学校活动和非学业性的活动,而且可以打电话[3]。上述几个研究的结果和人们的理论构想是一致的,即口语的改善能够促进听障人群与健听人之间的交流,这也就要求听障人群必须要具备一定的口语能力。Suarez指出,表达情感的词汇在人际关系中有着非常重要的作用,而听障人群在这方面的缺乏使得他们在情感的表达和理解方面存在问题[4]。这就大大降低了他们在同伴关系中的被接纳度。所以,口语能力较差的听障儿童在情绪方面更容易出现问题。

(二)听力损失程度

听力损失的程度也会对人际关系造成影响,但这种影响不会随着听力损失程度的轻重而改变。一些研究发现,轻度和重度听力损失的学生比正常学生在社交行为方面的得分低[5],但还没有研究证明听力损失中度的学生在社交行为方面的问题轻于重度的学生。但也有一些研究发现,听力损失程度并不会对个体的人际关系造成影响[6]。

---

① Stinson M S, Whitmire K.Students' view of their social relationships[M]. New York:Teachers College Press,1992:149-174.

② Loy B,Warner-Czyz A,Tong L,et al.The children speak:An examination of the quality of life of pediatric cochlear implant users[J]. Otolaryngology-Head and Neck Surgery,2010,142(2):246-253.

③ Moog J S,Geers A E,Gustus C,et al.Psychosocial adjustment in adolescents who have used cochlear implants since preschool[J]. Ear and Hearing,2011,32(1):75S-83S.

④ Suarez M.Promoting social competence in deaf students:The effect of intervention program[J]. Journal of Deaf Studies and Deaf Education,2000,5(4):323-336.

⑤ Davis J M,Elfenbein J,Schum R,et al.Effects of mild and moderate hearing impairments on language,education,and psychosocial behavior of children[J]. Journal of Speech and Hearing Disorders,1986(51):53-62.

⑥ Leigh I,Maxwell-MacCaw D,Bat-Chava Y,et al.Correlates of psychosocial adjustment in deaf adolescents with and without implants:A preliminary investigation[J]. Journal of Deaf Studies and Deaf Education,2009,14(2):244-259.

(三)性别

Martin 和同事观察了5~6岁的儿童发现：性别对同伴关系有很强的预测性，无论听力状况如何女孩都比男孩有更好的同伴关系[1]。这与 Martin 和 Bat-Chava 对5~11岁的儿童社会化研究得出的结论相同[2]。男性和女性在人际关系上有着不同的需求，男性更喜欢大团体的活动，女性则更喜欢小群体的活动且对社会关系更加敏感。再加上小群体的活动对个体的听力有利，所以听障女性在与健听人的人际关系上会稍微更容易些。而且一般而言，外向、独立、主动、幽默的听障学生能够与健听同伴建立更好的人际关系。

(四)活动的性质

与学业性活动相比，非学业性活动如俱乐部、工作、运动等更有利于帮助听障学生与健听人建立人际关系。非学业性活动不仅可以在一个更加轻松的环境中给听障学生更多人际互动的机会，而且可以让听障学生有更多机会向健听同伴展示一些在平时教室中难以体现出来的才能如运动、艺术等等。这使听障学生更加自信，也使健听同伴更容易接纳他们。Stewart 和 Stinson 发现参与学校结构化社会活动的听障学生更可能与健听人交朋友和参与社会活动[3]。这也是让听障学生能够获得健听同伴尊重的一个有效策略。

(五)健听人的态度

健听人常常会低估了听障学生在人际关系中所遇到的困难，这在一定程度上会影响到听障学生的社会性融合。Hung 和 Paul 对241名6~12年级健听学生的接纳态度进行研究后发现，75%的健听同伴对听障学生的融合持积极态度，特别是在融合班级的健听学生比普通班级的健听学生态度更积极，高年

① Martin D, Bat-Chava Y, Lalwani A, et al.Peer relationships of deaf children with cochlear implants：Predictors of peer entry and peer interaction success[J]. Journal of Deaf Studies and Deaf Education,2010,16(1)：108-120.

② Martin D, Bat-Chava Y.Negotiating deaf-hearing friendships：Coping strategies of deaf boys and girls in mainstream schools[J]. Child：Care, Health and Development,2003,29(6)：511-521.

③ Stewart D A, Stinson M S.The role of sport and extracurricular activities in shaping socialization patterns. In T.N.Kluwin, D.F.Moores,& M.Gonter Ganstad (Eds.), Toward effective public school programs for deaf students[M]. New York：Teachers College Press,1992：129-148.

级的学生态度比低年级的更积极①。

（六）情绪能力

情绪能力是指个体能够意识到自己和他人的情绪并能控制情绪的一种能力。大量的研究表明听障学生的情绪能力不佳。比较常见的是听障学生很难意识到不同的人在相同的情境下有着不同的心境②，从而对其人际关系产生不良的影响，如在人际互动的过程中听障学生明显不如健听学生。人际关系中一个很重要的因素就是情绪的使用。随着年龄的增长，儿童学会根据不同的情境和规则来掩饰他们的情绪表达。这种对情绪的控制能力既可以保护一个人的自我形象，也可以维系一段人际关系，正常儿童一般到十岁左右就逐渐学会这种规则。但是听障儿童在掩饰高兴和生气这些情绪时不如正常儿童③，而且研究者还发现听障儿童掩饰情绪是为了自我保护，但正常儿童则更多的是出于亲社会的原因。以愤怒的表达为例，听障儿童在表达愤怒时更加直接和缺乏策略性，而且又很难预见到自己的反应对他人会造成什么影响。而健听孩子在表达愤怒时则更可能会尝试着去解释他们不高兴的原因。所以这也就使得听障儿童在人际关系中的反应更加消极。

尽管研究的结果不一，但是和过去相比，听障学生在人际关系的发展上已经取得了很大进步。他们越来越被人们所接纳，自我意识增强，社交技能也在提高。虽然国外的研究已经非常的细致，也得到了大量的数据和材料，但是人际关系是一个具有强烈地域性、文化性和时代性的复杂问题。所以我们很难将其直接复制到我国，但是它对于我国研究听障大学生与健听人人际关系具有一定的借鉴性。

---

① Hung H L, Paul P.Inclusion of students who are deaf and hard of hearing: Secondary school hearing students'perspectives[J]. Deafness and Education International,2006,8(2):62-74.

② Peterson C C, Siegal M.Insights into theory of mind from deafness and autism[J]. Mind and Language,2000,15(1):123-145.

③ Hosie J A, Russell P A, Gray C D, et al.Knowledge of display rules in prelingually deaf and hearing children[J]. Journal of Child Psychology and Psychiatry,2000,41(3):389-398.

第二节 国内研究回顾

一、正常大学生人际关系研究综述

听障大学生虽然在身体方面与健听人之间存在差异,但是他们在身心发展的过程中遵循人类发展的基本规律。所以在研究听障大学生与健听人的人际关系之前,先简要地了解当前正常大学生人际关系的研究现状,是非常有必要的。大学生群体处于社会与学校教育的交接处,使得他们的人际关系和其他群体相比,更加复杂和充满矛盾。而作为社会发展的主要力量,这个群体的人际关系将直接关系到我们社会今后的发展前景,所以目前关于大学生人际关系的研究也非常多,并且呈现出较强的时代性、阶段性特点。

(一)当代大学生人际关系的特点

随着近年来我国经济、科技和文化水平的迅速发展,整个社会较过去发生了较大的变化。而这种时代的特性也深刻地反映在了大学生人际关系上。关于大学生人际关系的特点在学术界比较公认的是,交往活动的平等性、交往范围的狭窄性、交往过程的情感性(偏理想化)、交往内容的丰富性、交往媒介的现代性以及交往方式的开放性六个特点[①]。此外,王爱平还指出,大学生人际关系具有延续性,这突出在表现在不同学校毕业的学生具有不同的特点[②]。吕平则指出当代大学生在人际交往上还表现出功利性的倾向,人际交往中以自我利益为中心,追求立竿见影的效果[③]。这虽然能够在短期内对人际关系的改善提供帮助,但是从长远来看并不利于人际关系的保持和维系。

(二)大学生人际关系的影响因素

人际关系作为一种复杂的社会关系,是受到多个方面因素的影响的。这也是人际关系研究领域中比较受关注的话题。相关的研究也从早期主要集中于心理学的视角逐渐转向多学科交叉的视角,如社会学、管理学、教育学等,这个变化过程说明了人们对大学生人际关系影响因素认识的不断扩展和提升。从心理学角度来看,个性和自我意识是影响个体人际关系的重要因素。个性作为一种比较稳定的心理特质,从能力、性格和气质三个方面来对个体的人际

① 王秀阁,等著. 大学生人际交往理论与方法[M]. 北京:人民出版社,2010:126-131.

② 王爱平. 当代大学生人际交往特点分析[J]. 北京高等教育,2001(2-3):56-57.

③ 吕平. 论当代大学生人际交往中的功利主义倾向[J]. 大学(研究与评价),2007(4):81-85.

关系产生影响;而自我意识则是通过正确的自我评价来认识自己和他人,确定交往双方在人际关系中的地位和需要,从而使个体采取不同的交往策略来调节人际关系[①]。申武丹等人通过对广西几所高校的在校大学生调查后发现:在大学生中开展有关自我意识方面的教育有利于他们形成良好的人际关系[②]。周红伟对武汉四所高校1—4年级的本科女大学生进行调查后指出:自尊对女大学生的人际关系有直接影响[③]。从其他学科的角度来看,影响因素还包括社会、学校、家庭环境。罗敏随机抽取了武汉七所高校六百名学生作为被试进行人际关系和家庭教养方式的相关研究后发现:父母教养方式对大学生人际关系有显著的预测作用,其中父母情感温暖理解可以促进大学生良好人际关系的形成,而父母的过度干涉和保护则会阻碍良好人际关系的形成[④]。李辉山等人对六百六十名名兰州高校的九零后大学生进行人际关系和家庭环境影响因素调查发现:和谐和民主的家庭关系有利于这些学生人际关系的良好发展[⑤]。此外,家庭文化背景、家庭经济状况等都可能对大学生的人际关系产生影响。随着信息化时代的来临,人际关系的交往方式也逐渐突破了传统模式,以网络等新兴媒体作为交往手段,使大学生的人际关系也呈现出虚拟化的趋势。随之而来的问题则是人际信任危机以及对现实交往的冷漠与疏离。此外,学校环境中的教育方式也会对个体的人际关系产生很大影响。

(三)大学生人际关系的提升策略

研究大学生人际关系的最终目的是帮助他们提升和改善人际关系,以促进其自身的发展。研究者尝试从不同角度对大学生人际关系的改善提出了有效的建议和干预。比如说对于个体而言,研究者建议通过沙盘游戏、团体厢庭疗法、团体心理咨询以及认知疗法等方法来对大学生的人际关系进行干预,并取得了一定的成效。如宋洪波等人通过实验对照法发现团体心理辅导能够帮

① 迟毓敏. 大学生人际管理与辅导[M]. 北京:北京师范大学出版社,2010:288-296.
② 申武丹,李宏翰,巫春英. 影响大学生人际关系的因素分析[J]. 精神医学杂志,2007,20(1):30.
③ 周红伟. 女大学生人际交往状况及其与自尊关系的研究[J]. 中国健康心理学杂志,2011,19(10):1269-1270.
④ 罗敏. 大学生人际关系能力、自尊和家庭教养方式的关系[D]. 武汉:湖北大学,2012:26.
⑤ 李辉山,包福存,何睿. 家庭环境对"90"后大学生人际关系适应的影响研究——以兰州六所高校的调查数据为例[J]. 兰州交通大学学报,2012,31(2):134-139.

助大学生应对人际关系中的敏感、信任和焦虑等情绪,且具有长期的效果①。对于外部环境而言,良好社交环境的构建也是非常重要的,如创建公平、信任的社会环境,改革学校课程教育、加强校园文化建设等。

二、听障学生同伴关系研究现状

我国关于听障学生人际关系的研究主要集中于同伴关系,而且以基础教育阶段的听障学生为主,其研究结论主要有以下几个方面:

(一)对听障学生人际关系的现状描述

关于听障学生人际关系的现状描述主要集中在交友范围、沟通方式和交友态度三个方面,其特点如下表所示。

表2.1 听障学生人际关系现状特点

听障学生人际关系基本情况	特点
交友范围	以听障人群为主,随着年龄增长交友范围分化明显
沟通方式	手语为主,口手兼用,书面交流(如短信、上网、书信)
交友态度	有社交需要,喜欢交友

1.交友范围

马珍珍对上海118名聋校初中生的研究发现,他们的朋友大部分是有听力障碍的聋校同学,而且高达63.3%的聋生将择友范围限定在听障人群内,其健听朋友则多为亲戚或与学校结对的大学生志愿者②。但对于听障大学生来说,许巧仙经研究发现:听障大学生的朋友范围出现三类分化,即健听人数量多(19.4%);聋人数量多(36.7%);聋健人数量差不多(43.9%)三种情况③。陈静对无锡市192名听障学生进行调查后发现,他们人际交往的人员

---

① 宋洪波,张红,李宇,等. 团体心理辅导对大学生人际交往能力的促进[J]. 宁波大学学报(教育科学版),2008(5):102.

② 马珍珍,张福娟. 聋校初中学生同伴交往情况的调查研究[J]. 中国听力语言康复科学杂志,2008(30):35.

③ 许巧仙. 从社会交往看聋人大学生的社会融合——基于某学院的实证研究[J]. 中国特殊教育,2011(10):43.

结构呈现四类分化:全是听障者的占11.46%,听障者占大多数的为40.63%,听障者占一半的为31.77%,健听人占多数的为16.14%①。由此可见,对于大多数听障学生来说,他们的朋友圈还是以听障人群为主。但从他们的朋友构成来看,也反映出随着融合理念的推进,听障学生人际交往的范围在扩大,人际构成上健听人的数量在增加,这种变化随着受教育程度的提高出现上升的趋势。

2.沟通方式

手语为主,其他形式的沟通也会并用,这主要由交友对象的特点来决定。比如说听障学生和听障学生在一起,就都打手语;如果和健听人在一起的话,就会使用其他方式来辅助沟通,如口语、书面语等。有研究者发现,不同的交往方式,对聋童的同伴关系影响不同,采用综合式(口手并用)交往的聋童比采用口语交往的聋童更容易②。

3.交友态度

听障学生表现出社交的意愿和需求。如刘在花对网络成瘾聋人大学生的研究发现,聋人大学生和普通大学生一样,也有与人交往的需要③。马珍珍还发现初中听力障碍学生和普通学生一样,都喜欢交朋友④。杨云娟对残疾人大学生校园教育状况的研究发现:超过70%的聋人表示愿意与普通大学生交往并成为朋友⑤。但是听障学生在交友选择上,会明显地表现出受到地域和距离的影响,如交友主要集中在同校。贺荟中、林海英对13名上海聋校三年级的学生进行研究发现:班级隔离特点显著,即是说被试在选择朋友的时候都倾向于选择自己班级的同学作为朋友⑥。在择友观上,刘嗣元等人的研究发现:聋生进入青春期后大多都认识到"友情"是自己人生中不可或缺的一种情感,而且在交友时比过去更重视朋友的质量;在面对外貌、人品、地位、财富、志同道合、家庭、能相互帮助等一系列指标中,61.9%的聋生将"人品"放在了第

① 陈静. 听障学生人际交往能力培养研究[D]. 苏州:苏州大学,2007:10.

② 荣卉. 影响聋童亲子关系和同伴关系的因素[J]. 心理学动态,1996,4(3):15.

③ 刘在花. 聋人大学生网络成瘾现状及其心理健康的关系[J]. 中国特殊教育,2008(1):40.

④ 马珍珍. 初中听力障碍学生同伴关系及其影响因素研究[D]. 上海:华东师范大学,2006:23.

⑤ 杨云娟. 残疾人大学生校园教育状况研究——天津市聋人大学生的生活调查与思考[J]. 中国轻工教育,2009(2):83.

⑥ 贺荟中,林海英. 聋校低年级学生同伴关系网络及其特点[J]. 社会科学,2013(2):71.

一位①。这与聋生在小学阶段时择友时更加看重友谊带来的一些实惠略有不同,如"玩伴"和"带来学习和生活上的帮助"②,这说明了聋生择友观随着年龄和阅历的增长,日趋理性。

(二)听障学生人际关系存在的问题

听障学生在人际关系中存在的问题,和很多健听学生是相似的,只是他们的问题更加突出和严重而已。张茂林等人③对130名聋人大学生和146名健听大学生进行人际关系困扰和自尊状况比较后发现:聋人大学生人际关系困扰的检出率为69.2%,严重人际关系困扰的检出率为23.1%,显著高于健听大学生,而且聋人大学生的自尊水平也低于健听大学生。这与张立松等人的研究结果相似,在人际交谈、待人接物和与异性交往上得分均要显著高于普通大学生,但在人际交友方面与普通大学生没有显著差异④。付彩珍对北京市145名聋人大学生进行疏离感研究发现:聋人大学生与健听大学生具有相似的疏离感特点,但在社会孤立感上聋人大学生的得分显著高于健听大学生⑤。郝均倩对长春大学、中州大学和郑州师范学院三所学校的听障大学生进行学校生活适应调查后,发现聋人大学生在人际关系方面存在相对较大困难,性格非常外向的聋人大学生与性格较内向的聋人大学生之间存在显著性差异,情绪利用能力强的聋人大学生在人际关系适应维度上的得分较高,显著高于其他情绪管理能力维度的聋人大学生⑥。韩建梅等人对入学新生进行大学生人格调查后也发现:听障大学生在人际关系上容易感到紧张,心理健康状况比健听人大学生差⑦。这种人际关系困难在初中听障学生身上同样如此,研究者对河北省初中聋生人际交往调查结果与以往健全初中生研究结果相比,发现他们在人际交往的社交回避

① 刘嗣元,昝飞. 聋生青春期发展特点的调查研究[J]. 中国特殊教育,2005(9):24.
② 马珍珍,张福娟. 聋校初中学生同伴交往情况的调查研究[J]. 中国听力语言康复科学杂志,2008(30):35.
③ 张茂林,杜晓新,张伟峰. 聋人大学生与健听大学生人际关系困扰及自尊状况的比较研究[J]. 中国特殊教育,2009(5):8.
④ 张立松,王娟,何侃,等. 听障大学生情绪调节特点及其对人际关系的影响[J]. 中国特殊教育,2012(4):51-52.
⑤ 付彩珍. 聋人大学生与健听大学生疏离感的对比研究[J]. 中国特殊教育,2009(10):45.
⑥ 郝均倩. 聋人大学生情绪管理能力对其学校适应性的影响研究[D]. 重庆:西南大学,2011:50-51.
⑦ 韩建梅,李艳霞,吴伟雄. 广州大学市政技术学院09级听障学生UPI调查报告[J]. 社会心理科学,2010,25(7):45.

和苦恼两个维度上的得分均显著高于健全初中生①。王娟认为:超过2/3的聋人大学生在人际交往中存在困扰,一些聋人大学生有意回避与健听人的交往,试图通过网络弥补现实交往需要的缺失等②。在人际信任方面,有学者通过问卷调查也发现:聋人大学生人际信任随着交往密度和熟悉程度递减向外延伸,亲属信任最强,聋人同伴信任次之,健听人同伴信任最低③。在人际敏感方面,听障大学生的得分低于普通大学生,差异达到了非常显著的水平④。

(三)影响人际关系的相关因素

研究者通过对以往研究的分类整理,将听障学生与健听人人际关系的影响因素主要分成以下几类:第一,人口学变量的影响。例如,性别会对听障大学生的人际关系困扰产生影响,女生困扰要大于男生;聋人大学生的人际困扰状况在高年级(三年级)的时候会变得更加明显⑤。专业对人际敏感有影响,计算机专业的聋人大学生在人际敏感上分数低于服装专业;聋人工学院的二年级学生人际敏感的受损程度明显小于一年级学生⑥。性别、家庭背景、家庭教育方式、接受教育方式、教师教育和社会态度都会影响到聋人大学生社会交往的分化:如男性聋人大学生的健听朋友多于女性,家庭经济中层条件的聋人大学生聋人朋友更多,父母经常教导为人处世原则的健听朋友多,在普通学校有就读经验的健听朋友多,感受到教师强化"耳聋"特征的学生聋人朋友多⑦。

第二,心理影响因素。安全感对人际信任有直接的预测作用,安全感能够促进聋生与人建立积极的人际关系⑧。个性也会对听障儿童的人际信任产生

① 魏瑞丽. 河北省初中聋生人际交往状况及干预研究[D]. 石家庄:河北师范大学,2008:18.
② 王娟. 聋人大学生常见心理问题、原因及教育对策[J]. 职业与教育,2012(32):91.
③ 许巧仙. 聋人大学生人际信任及其影响因素——基于N学院的实证研究[J]. 河海大学学报(哲学社会科学版),2012,14(3):39.
④ 于靖,王爱国,鲁毅光. 听障大学生心理健康状况的调查研究[J]. 长春大学学报,2010,20(8):34.
⑤ 张茂林,杜晓新,张伟峰. 聋人大学生与健听大学生人际关系困扰及自尊状况的比较研究[J]. 中国特殊教育,2009(5):8.
⑥ 李强,李海涛. 听障大学生人际关系调查及分析[J]. 中国特殊教育,2004(10):52.
⑦ 许巧仙. 从社会交往看聋人大学生的社会融合——基于某学院的实证研究[J]. 中国特殊教育,2011(10):46.
⑧ 杨昭宁,杨静,谭旭运. 聋生安全感、人际信任与心理健康的关系研究[J]. 中国特殊教育,2012(9):21.

影响,精神质个性与同伴信任的可靠性呈显著负相关,说明越是精神质个性的听障儿童,同伴信任度越低[①]。社会关系满意度越高,个体越不容易出现人际关系敏感、抑郁、焦虑、偏执和精神病性等行为;但社会关系利用程度越高,个体越容易表现出人际关系敏感、抑郁、焦虑、偏执和精神病性等行为[②]。在对人际交往成功或失败进行归因时,在普通学校单独编班学习的听障大学生和在聋校就读的中小学具有相似点,即在成功归因时倾向于内部归因如认为自己能力强,而失败归因时倾向于外部归因如认为任务难度太大,表现出利己主义的归因偏向,这与在普通大学就读随班就读的听障大学生和普通大学生的归因特点不相同[③]。聋人文化的影响主要表现在聋人大学生的双文化认同(聋人文化和健听人文化)倾向与同伴关系满意度发展有显著的正相关,而对聋人文化的自我认同并不能带来较高的同伴关系满意度[④]。这说明聋人大学生有与健听人交往的人际需要。此外,情绪也是影响人际关系的一个重要因素,有研究者发现对于听障大学生而言,情绪接受上的困难对人际关系中的人际交往困扰和待人接物困扰有显著预测作用;而策略使用上的困难对人际关系中的人际交谈困扰、与异性交往困扰及整体人际关系状况都有显著的预测作用[⑤]。

(四)干预研究

目前我国关于听障学生人际交往的干预研究还并非常少,能够搜索到的文献只有1篇。魏瑞丽通过对初中聋生人际交往的干预研究发现:通过干预前后测试表明班级心理辅导可以显著提高初中聋生的人际交往能力,且具有持久的效果[⑥]。

---

① 黄艳华. 听障儿童个性及与人际信任关系的研究[J]. 济南大学学报(自然科学版),2006,20(4):371.

② 王志强. 聋人大学生心理健康与校园社会关系的满意度和利用度[J]. 中国特殊教育,2012(2):26.

③ 肖阳梅. 听障大学生学习和交往归因的调查研究[J]. 中国特殊教育,2005(11):26-30.

④ 贺晓霞. 聋大学生自我认同与同伴关系研究[D]. 重庆:重庆师范大学,2012:30.

⑤ 张立松,王娟,何侃,等. 听障大学生情绪调节特点及其对人际关系的影响[J]. 中国特殊教育,2012(4):51-52.

⑥ 魏瑞丽. 河北省初中聋生人际交往状况及干预研究[D]. 石家庄:河北师范大学,2008:32-34.

三、现有研究的不足

(一)研究以与同类型障碍的同伴关系为主

无论是对听障小学生、初中生还是大学生的研究,都是以同伴关系为主。这在一定程度上就使得研究从一开始就预设了听障学生的交友范围和交友来源。而从实际的角度来说,这是非常不客观的。同伴关系只是人际关系中的一个类别,除此之外师生关系、亲子关系、友邻关系等都是人际关系中不可或缺的部分,是对个体生活的真实反映。之所以以往的研究会局限于同伴关系,这可能也正是研究背景的隔离性所造成的一种特有的现象。大多数听障学生在接受高等教育以前,都是在封闭、隔离式的聋校中学习和生活的。这使得他们在人际关系上既显得单一,在交往技巧上又显得欠缺。所以这也就导致了他们在人际交往的过程中比健听学生存在更多的问题和困惑。

所以对于听障大学生来说,首先同伴关系已经不能够概括他们的人际活动范围了。虽然同伴关系是人类社会化发展过程中非常重要的一种人际关系,同伴可以为听障儿童提供平等的机会,帮助他们解决冲突,也让他们能够体会到其他孩子的感觉和情绪变化。但是大学生作为一个独立的成年个体,在其身上既兼有学生的身份,更具有成年人的特点。同时大学生这个特殊的群体,正是人际交往需求的高峰期。所以在人际关系上,单用同伴关系来形容就显得不是很恰当了。其次,对于听障大学生来说,他们的学习和生活环境已经和以往封闭、隔离式的特殊学校大大不同了。这也就自然而然地扩大了他们的人际关系范围,特别是对于即将迈入社会、走上工作岗位的他们来说,需要去面对的将不仅仅只是与同类型障碍人群的同伴关系了。

(二)对问题的分析,重静态性的现象描述,缺乏动态性的研究

人际关系是一个从静态到动态的过程,是人的心理活动和外部行为相互作用的表现形式。在这个过程中,人们互相接近、互相排斥就是一个动态的联系过程。以往的研究侧重于对听障学生人际关系的静态性描述,如人际关系的现状,存在的问题等。而对于人际交往这个动态过程却很少有所涉及,这就让关于听障学生人际关系的研究显得不完整了。此外,即便在关于现象、问题的静态描述中,大多也都是从心理健康的角度去讨论这个问题。但是缺少对听障学生与健听人交往的过程中所思所想的进一步深刻思考,即他们是如何

看待这种人际关系的,是否能认识到与健听人交往的意义何在? 从动机的角度来说,如果没有强大的心理动机作为支撑,那么无论客观环境多么无障碍,健听人多么主动接纳,也许也难以获得一个良好的人际关系。所以去了解和研究听障学生在与健听人的人际关系中所持有的看法、体会到的交往感受、具体的交往行为,以及他们在这个过程中的经历就显得非常重要了。

(三)缺少具体的解决措施和干预措施

大多研究都还停留在现状描述、原因分析探讨上。虽然也会提出一些建议,但是缺乏具体的实行措施。这说明目前我国对于听障人群人际关系的研究还是偏理论,但缺乏理论在具体实践中的应用,更缺乏对不同年龄段、和不同受教育水平听障学生人际交往的干预。理论的最终目的是指导实践,尤其对于像人际关系这种需要在实践中才能呈现的复杂问题,必须要研究者通过一个个鲜活的案例来进行经验的总结和理论的提升。

(四)单维度思考,缺乏双向性,缺少对个体的尊重

以往我们在研究健听人与听障学生的人际关系时,总是很少能够听到听障学生的声音。人们去思考和分析各种可能会影响这种人际关系的因素时,却独独少了对听障学生自身的关注。目前的研究中,有非常多关于正常人对残疾人态度的研究。也正是通过这些研究,人们对于残疾人的态度已经逐渐从过去的排斥到现在的接纳和支持了。但作为人际关系另一头的听障人群呢? 在健听人高喊接纳口号的时候,他们在想些什么呢? 他们是否能够感受到这种变化,对于这种变化是否满意呢? 这些都需要在他们与健听人的人际关系中得以体现。所以过去的研究对于听障人群来说,是一种被动的、单向的研究,缺乏对个体的尊重。这也就在一定程度上解释了为何当前融合的效果不尽如人意的原因,因此这应该是人们在构建融合支持系统时必须去考虑的一个问题。对于听障人群来说,他们本身就是一个缺乏参与的群体。他们由于生理的限制,常常被剥夺了参与的机会。所以,"参与和表达"对他们来说不仅意味着平等,还意味着快乐、互动和成功。而人际关系中互动性的特点,使得参与更加重要和必要了。所以一个不能保证参与的人际关系,注定是失败的。

第三章　研究方法设计

第一节　本研究的理论框架

一、融合教育的理论视角

融合教育是21世纪的发展趋势,它是保障残疾人权利、实现教育公平的重要途径。融合教育的提出对传统二元制教育体系产生了巨大的挑战,它所希望建立的普特融合的一元制教育体系,开启了特殊教育发展的一个全新时代。在过去的几十年里,融合不仅是一种教育策略,也是对各国教育体系中排斥的政策、立法和实践的一种挑战。它对人们固有的残疾观形成了巨大的冲击,使人们意识到残疾人作为人类社会的一分子,应该享有平等的人权。同时,它在正常化、回归主流的基础上对传统隔离式特殊教育模式再次进行了否定和批判,促进了特殊教育与普通教育之间的交叉。它使人们开始重新审视残疾人与正常人之间的关系,为建立平等、自由和多元的社会奠定了基础。融合对平等的追求,一定程度上改变了残疾人在社会生活中的劣势地位;它也改变了以往人们对待残疾消极、负面的态度。特别是随着社会的发展,人们越来越意识到这种平等的权利不仅仅包括教育,更应该涉及残疾人的整个生活。这是对个体生活质量的尊重,也是教育的终极目标。

在本研究中,融合教育的理论视角为听障大学生与健听人的人际交往创造了环境;提供了人际交往的可能性。首先,融合教育理论主张创造一种平等、自由的环境。融合教育力图通过学校教育改革来实现"公平"和"卓越"的两个目标,是基于社会正义、人权和平等的思想。其主张任何人都可以被教导,而我们则有责任为每个个体提供相同的学习机会;残疾人有权利和正常人一起学习、生活。其次,融合教育理念中社会多元化的价值观改变了人们对待差异的态度,将这种差异看作是一种促进学校和班级发展的丰富资源;使个体对差异产生尊重和包容的态度,而不是简单地排斥和歧视。第三,融合教育的理论视角为残疾人和健全人之间的相互接纳与互动提供了可能性。融合教育的实施,能反映出真实生活中人类差异性的存在,使个体从中学会接纳差异,并通过和各种不同特质的同伴互动的机会,建立友谊和互助合作。从社会互动性的观点来看,融合教育可以为残疾学生和普通学生提供更多互动的机会;通过同伴示范、同伴教导和同伴强化,能够增强残疾学生社会互动能力和社会适应能力。而普通学生也能够在其中获得自尊、道德与社会认知的成长,以及对不同特质个体的尊重。这正如社会建构者所认为的:能力差的人如果能经常和能力好的人在一起,并且得到他们的帮助,那么能力差的人会有很大的进步机会;此外,能力好的人也可以从帮助别人的过程中让自己受益,从而创造强弱共存和双赢的教育理想。这正如图3.1所示,融合教育促成了"了解和接受差异"的良性循环。

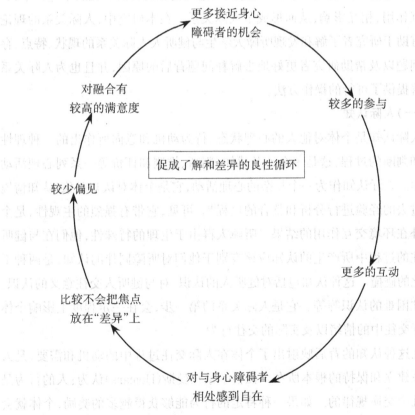

图3.1 融合教育促成了解和接纳差异的良性循环[1]

---

[1] 钮文英著. 拥抱个别差异的新典范:融合教育[M]. 台北:心理出版社,2008:24.

二、人际关系的理论视角

个体通过人际关系,在微观上实现了人与人之间的"相互作用"以及信息的传播,满足了个体心理的需要;在宏观上则通过不同的人际关系构成了不同的群体,进而实现了不同群体文化、价值观间的碰撞与联系。具体而言,相互认知是建立人际关系的前提,这是人们试图去理解他人的一个过程。涉及对他人的性格、行为等的认识,是人类日常生活中的一个非常重要的部分;情感互动是人际关系的重要特征,是人际交往的主要调节因素。人作为一种情感丰富的高级动物,在人际交往的过程中会体验到不同的情感,也会表达出不同的情感;而行为交往则是人际关系的沟通手段。在人际交往过程中,认知和情感都需要通过行为表现出来,以此达到与他人交往的目的。在这个过程中,三者相互作用,相互影响,从而形成了人际关系。在本研究中,人际关系的理论视角有助于研究者了解和发现听障大学生与健听人人际关系的现状、特点、存在的问题以及帮助研究者更好地去解释问题背后的原因,并且也为人际关系的改善提供了可行的操作方法。

(一)人际认知

人际认知是个体对他人的心理状态、行为动机和意向所作出的一种理性分析和判断的过程,这是一个涉及感知、判断、推测和评价等一系列心理活动的过程。人际认知作为一个复杂的心理活动,它是个体对认知对象、认知情境以及过去的经验进行分析和整合的过程[①]。可见,它带有强烈的主观性,是个体与外在环境交互作用的结果。听障人群由于生理的特殊性,他们在与健听人交往的过程中所产生的认知应该有别于他们对听障同伴的认知,是两种不同文化的碰撞。这种认知包括对健听人的认识、对与健听人交往意义的认识、对交往困难的认识等等。它是人际关系的第一步,会在一定程度上影响个体在人际交往中的情绪以及实际的交往行为。

在这种认知的背后映射出了个体在人际交往过程中的动机和需要,是人际关系建立和保持的根本所在。社会学家霍曼斯(Homans)认为:人的行为是符合社会交换规律的。如果一种特定的行为能够获得越多的奖励,个体就会越多地表现出这种行为;相反,如果一种行为付出的代价远大于所能得到的利

① 华红琴. 社会心理学原理和应用[M]. 上海:上海大学出版社,2004:109.

益的话,个体就不会再继续从事这种行为了。在人际关系中,社会交换的不仅是物质,还包括赞扬、名誉、地位、声望等精神的以及心理财富的交换①。所以如果人们认识到不能从一段人际关系中获益或意识不到这段关系能为自己带来什么,再或者总是付出比收益大的话,可能就会中断原有的关系。只有当付出和回报平衡时,人际关系才能得以维持。在本研究中,人际交换理论能够在一定程度上解释听障人群与健听人人际关系建立和维持的原因,并且可以通过认知的调整来让个体重新认识自己在这段人际关系中的付出和收益,从而更好的保持人际关系。

其次,人际认知受多种因素影响。这种影响可能来源于自身的经历,也可能来源于其他渠道,如他人的影响、媒体的宣传等等。英国心理学家塔吉菲尔(H.Tajfel)等人在1982年提出了社会认同理论,其认为社会分类、群际比较及人们对积极社会同一性的追求,是群际冲突和群际歧视产生的根源②。社会同一性来自于个体对自己作为某个社会群体成员身份的认识,以及附加在这种成员身份之上的价值和情感方面的意义。而这种对自我身份的认识,会直接影响到个体在人际关系中的情绪和行为,进而对其人际关系产生影响。尤其是在具有比较成熟的文化、沟通方式的群体内,这种认同性会对个体的认知产生较大影响,从而导致其态度的改变。听障人群和健听人作为两个不同的群体,其群体成员身上都有非常显著的身份意识。所以运用社会认同理论,来解释他们之间的人际关系冲突是非常有意义的。

(二)情绪

情绪,是指个体受到某种刺激所产生的一种身心激动的状态。情绪在社交活动中拥有广泛的功能,当其积极时,可能会促进人际关系的发展;而当其消极时,则可能会阻碍人际关系的进一步发展。两个人的沟通70%是情绪,30%是内容,如果沟通情绪不对,那内容就会被扭曲。所以在沟通内容之前,情绪层面的梳理显得非常重要,否则难以达到预想的效果。但是人际关系中,情绪又是一个非常复杂的过程。个体既要体验和识别情绪,还要懂得表达情绪。对情绪的体验,是一种主观的自我感受,只有当事人才能知晓。如果我们

---

① 彭贤主编. 人际关系心理学[M]. 北京:清华大学出版社,北京交通大学出版社,2008:9.
② 迟毓凯,管延华主编. 大学生人际管理与辅导[M]. 北京:北京师范大学出版社,2010:26.

自己很清楚自己的情绪状态,知道它的来源,那么此时情绪就已经发泄至少一半了。此外,听障学生对情绪的体验,一定程度上反映了健听人对待他们的态度,所以考察他们的在人际关系中的情绪体验,实际上也就是间接在考察健听人的态度;而情绪的表达则是对情绪体验的一种外化,使个体通过这种表达实现与外界沟通的目的。情绪表达是个体社会化的一个重要指标,适度的情绪表达有利于让他人了解自己,以促进人际关系的发展。但在前人的研究中发现:听障儿童在情绪表达方面比健听人更加直接和极端,这在很大程度上影响了他们人际关系的发展。从社会心理学的角度来看,情绪的表达正是自我表露的一种方式。所谓自我表露是个体对他人表达情感、想法和观点的窗口①。尤其对于无法用口语表达的听障大学生来说,合理利用情绪的自我表露能够有效发展和维持亲密的人际关系。

(三)行为

行为是指有机体在主客观因素的影响下产生的外部活动,即机体任何外显的、可观察的动作、反应、运动或行动,以及人的头脑里所进行的各种内在的心理活动,是人与环境两者互动作用的结果,人类的行为大都是通过学习获得的②。行为是对认知和情绪的反映,它既会受到认知和情绪的影响,同时也可能会影响认知和情绪。在本研究中的行为主要是指听障大学生的外显行动。虽然行为是由个体表现出来的,但是实际上其所表现的行为总是与他人有关的,如人际关系、态度、偏见等等。所以研究行为的过程,一方面是研究个体的认知和情绪,另一方面也是研究在人际关系中他人对个体的态度。此外,对行为的研究,也是为了更好地去塑造和改变听障大学生在人际关系中的表现。从影响行为的因素来看,听障大学生在人际关系中行为的表现一方面取决于其自身,另一方面则取决于其周围的环境。这种环境既包括人们的态度、社会氛围等精神环境,也包括社会支持等物质环境。这可以帮助我们更好地解释行为产生的原因。

因此在本研究中,一方面要了解听障大学生在与健听人人际互动时,表现出的是何种行为,另一方面也是希望通过人际互动的策略来提供其人际沟通

---

① 将索,邹泓,胡茜. 国外自我表露研究述评[J]. 心理科学进展. 2008,16(1):114-123.
② 王辉. 行为改变技术[M]. 南京:南京大学出版社,2006:4.

的效率。以美国心理学家米德为代表的"符号互动论"认为：人们为了顺利地实现交往和沟通，必须能够进行角色采择①。即个体可以通过诠释他人的语言、姿势和符号，预计他人的行为反应来进行沟通和互动。简言之，就是通过运用想象力来扮演他人的角色，了解他人的立场，进而修正自己的行为，并在互动中协调适应，促进人际互动的效果。所以，"符号互动论"通过对他人行为的预测以及自我印象的管理，可以为改善听障人群与健听人的人际关系提供有效的策略支持。

　　以上对人际认知、情绪和行为的分析，是本研究收集和分析数据的指导性框架。通过这个理论框架的建构，使研究者能够对高等融合教育背景下听障大学生与健听人的人际关系进行一个清晰的展现，并且通过微观的人际关系互动过程所暴露出的问题来探讨其背后的中观乃至宏观的深层次原因，为人际关系的改善提供建议。

第二节　研究方法总体设计

一、研究方法的选择

　　为完成研究目标以及针对研究对象的不同特性，研究者将采取质与量混合的研究方法来进行调查和分析。之所以选择质与量结合的方式，主要是由于听力障碍学生书面理解能力有限，问卷的设计不能过长、过难，所以使用这种形式就无法细致、深入地反映他们的所遇、所思和所想，而访谈正好能弥补这一缺憾。本研究通过质与量的研究方法交叉使用、相互印证，有助于提高研究的效度与信度，使研究更加符合现实的需要并对现实做出有效的指导。

（一）文献法

　　只有站在巨人的肩上，才能看得更远。而文献法正是这样的一种研究方法，通过对国内外研究者研究成果的回顾和总结，以发现现有研究的特点、不足，为后续的研究提供依据和支持。本研究通过中国知网、EBSCO、SAGE等中外文文献资料检索工具，对国内外与高等融合教育发展状况（例如政策法规、正常人的接纳态度、残疾学生的融合经历等）、听障人群人际关

---

① 迟毓凯，管延华主编. 大学生人际管理与辅导[J]. 北京：北京师范大学出版社，2010：25.

系相关的文献和资料(人际关系的现状,影响人际关系的因素等)进行收集和整理,并在此基础上总结和分析当中值得借鉴的优点和存在的问题、不足之处,为本研究开展的可行性、意义、目的、研究问卷的编制和访谈问题的设定等提供依据。

(二)调查法

调查法针对听障大学生与健听人人际关系相关问题,采用了问卷法和访谈法。通过调查研究,充分地反映和了解听障学生在与健听人人际关系中的内心真实感受,向人们展示听障大学生的内心世界。

1.问卷法

自编听障大学生人际关系问卷,该问卷包括三个部分,听障大学生对与健听人人际关系的认知、人际关系中的情绪能力和人际交往的行为方式。力图从主观上反映了听障大学生与健听人交往的态度和感受,从客观上反映听障大学生与健听人交往的行为。通过问卷结果侧面反映出听障大学生对自我的认识,以及他们的残疾观模式等相关内容,有助于从根本上审视和分析听障大学生人际关系问题的根源所在,可以弥补以往的研究只看到问题缺乏对深层次原因探寻的不足之处。

之所以采用自编问卷,一方面是由于研究内容的特定性,没有成熟问卷可以直接使用;另一方面,由于研究对象的特殊性,无法直接使用以往的成熟问卷。在过去的研究中,研究者大多都是直接使用在正常人群中有较好信效度的成熟问卷,但是其中最大的问题就在于这样的问卷是否适合听障人群? 这些成熟问卷虽然适合大多数正常人,但是听障人群的特殊性是否能够在问卷中得到照顾? 这个答案不得而知。所以,首先在问卷使用之前应该有信效度的检验,但这是以往研究中比较缺乏的一个内容。其次,即便有了很好的信效度,但是在使用时还必须对问卷语句的表达等内容做相应的调整,才可能符合听障人群的理解能力。本研究中的研究对象尽管是听障大学生,但是在理解书面语言方面仍然存在很大的问题。所以在问卷设计时,要尽量使用简单的词语和短小的句子,尽量不使用否定句(尤其是双重否定),用他们能理解的词语来替换一些书面词语(如用"心情"替换"情绪")。第三,在问卷答案的选择上,使用的是五点计分法,但实际上听障学生对五点计分的程度理解上存在一定的问题,如对"非常同意"和"同意"的理解。在他们的概念中,一般就是"同意"和"不同意"之分,所以对于程度词语"非常""很"之类的在理解上比较困难。但是按照问卷法的计分方式,如果改成三点计分的话,会导致统计时数据的不准确,所以只能继续使用五点计分法。但这就需要在问卷发放的过程中,将这五个程度答案首先向听障学生进行解释,在他们理解后再进行答题。第四,问卷的题目数量不能太多。因为这些听障学生从在特殊学校开始就常常被当作被试,所以对于回答问卷调查已经有一定的排斥心理。再加上他们对书面语言的理解能力有限,所以在数量上不能设计过多。第五,在问卷的排版上,尽量做到放大字体和行距,方便听障学生的阅读,减少他们漏答问题。

2.访谈法

尽管量化的研究非常有效,但它的缺点就是要求被试将他们的经历来适应研究的框架,而不是让研究框架来适应他们的经历。所以为了弥补量化研究的不足,也为了能够更加真实、深刻地反映听障大学生与健听人人际关系的现状,研究者还将使用访谈法来收集数据。因此相对于问卷法而言,访谈法更能够深入地反映问题本质。尤其对于听障生来说,他们有能力也有意愿来表达自身的想法;同时听障生作为融合教育的接受者,他们的诉求和渴望理应得到重视,访谈则正好提供了这样的机会(访谈提纲见附录3)。

但是和听障生访谈对于研究者来说是一件极具挑战性的事情。因为首先在沟通方式上存在一定困难,其次他们比一般学生更为敏感,再加上经常被当作研究对象,他们也已经感到非常厌烦了。如何让他们能够放下疑虑,敞开心扉地和研究者谈论他们对融合教育的感受和心理诉求确实有一定的难度。因此在访谈过程中,研究者要尽量创造一个轻松、安全的氛围,并且在一些容易引起他们敏感的提问方式和内容上要非常注意。针对研究的需要和听障生的特点,研究者在研究过程中选择了两种访谈的形式,一种是请手语翻译参加访谈,另一种是在网络上进行访谈。请手翻参加访谈,有利于信息的第一性和真实性,但由于第三者的出现容易使被访者在交流过程中不自在,会对访谈造成一定程度上的干扰。因此研究者尽量请听障生熟悉的手翻陪同,一来可以减轻他们的紧张感,二来也可以加强他们对研究者的信任感。对于网络访谈的形式,一定程度上保证了访谈的私密性,也使访谈的时间更加自由。但最大的问题在于听障生的书面表达能力有限,能否顺利地在网络上沟通也成为研究过程中非常令人担心的问题。因此研究者需要尽量寻找一些能够在网络上顺畅表达的听障生进行访谈。在通过这种访谈方式收集了资料后,研究者进行了大量的整理工作。因为听障生表达的关系,在整理数据资料的时候研究者在保留原意的基础上进行了一些文字的转换,使其更加通顺和符合我们的表达习惯。最后研究者对访谈资料进行分析,不仅仅关注于听障学生在高等融合教育的背景下与健听人的人际关系状况,更关注其背后的深层次含义。

二、研究对象的选取

本研究选取南京特殊教育职业技术学院(现已更名为:南京特殊教育师范学院)的听障大学生作为研究对象,是从以下几个方面进行考虑的:

(一)选取具有高等融合教育背景的实践学校

南京特殊教育职业技术学院是目前全国唯一一所独立设置的、以培养特殊教育师资为主的普通高等学校,也是全国普通高校招收残疾人录取工作的先进单位。其下属的阳光学院(现已合并入美术学院)成立于2008年,是江苏省残联与南京特殊教育职业技术学院合作办学的二级学院,面向全国招收听障学生,是目前全国招收听障学生规模最大的高校,以残疾人高等职业教育为主体兼顾普通高等职业教育。目前该校有全日制在校学生5370人,其中残疾学生485人(以听障学生为主,还有少量的身体病弱学生),教职工369人,专任教师302人。该校听障学生教育打破了传统的封闭办学模式,听障学生与正常学生一起学习和生活,共享校园资源,促进了两类学生的融合,也有利于听障学生从思想上和感情上更好的融入主流社会。在我国高等融合教育院校相对较少、发展滞后的情况下,该校可以说是目前我国高等融合教育实践较好的个案。因此选择该校作为研究对象,首先能够比较集中的反映出我国高等融合教育背景下听障大学生与健听人的人际关系及相关的问题。因为在不同安置形式中的听障学生的人际关系会有极大的不同,所以选择具有融合背景的普通高等教育机构使得本研究更加具有针对性,也便于将其与听障学生在隔离安置形式中的人际关系进行对比;其次,听障学生来自全国各地,数量相对较多,非常具有代表性和典型性,也为研究的进行和数据的收集提供了可行性;再者,融合教育可以为听障学生提供与健听人相处的机会(如同伴相处、师生相处、与校内其他工作人员相处等),提供真实的生活环境(在融合环境中可以提供特殊学生去发现其所想做、想学、和不能做的事情),提供更多的机会和选择(隔离的环境限制了特殊学生经验和知识的获取,甚至导致二度障碍);第四,大学阶段是个体人际关系发展和延伸的重要阶段,特别是大学相对开放的环境和远离家乡、亲人的特点,使得这个阶段的人际关系发展更为凸显。由此可见,选择一个具有融合背景的高等教育机构对本研究来说意义非常重大。

(二)选取听障学生作为研究对象

第一,融合教育是一种改造教育系统取向,面向全体学生的教育。它主张在单一的教育系统中向所有的学生提供教育服务,以符合所有学生的需要,而非仅仅是帮助那些特殊需求的学生。所以选择南京特殊教育职业技术学院的听障大学生作为研究对象,最重要的原因就在于他们是一个正在经历高等融合教育的群体,因此他们对融合教育最具有发言权。学生作为教育的受体,关注他们内心最真实的感受,是融合教育成功与否的关键所在。以往我们的研究中大多从正常人出发,从管理者、教育者和服务提供者的角度出发去探讨融合中存在的问题、需要的支持等等,但这样容易忽略了融合教育的主体——学生尤其是残疾学生。他们到底怎样看待融合的,他们又正在经历怎样的融合过程,他们需要怎样的帮助等等,这绝不是我们凭经验能够推断出来的。在教育过程中,人们倾向于追求理性的变化,如学业、制度等,最容易忽略的就是情感的变化。受教育者是尝试改进教育质量的核心所在,尽管这是显而易见的,但却很少在实践中得以反映。所有的教育活动都应该以清楚地理解受教育者是有着不同能力和学习方式以及受其家庭和社会背景影响的独立个体为出发点。所以关注学生对融合教育的认识、感受和需求,才从真正意义上做到了从学生出发,以学生为主体的教育理念。

第二,听障大学生是一个正在接受高等教育的群体,相对而言他们应该更加包容,更能够接受各种新理念,也对周围的听障同伴群体会更具有带动性。所以对他们与健听人人际关系的研究,一方面是通过他们可以反映出听障这个群体在与健听人进行交往时的总体情况;另一方面,更重要的是通过他们的态度调整作为示范,去影响和改变更多听障人士与健听人的人际关系,这对融合的推进有着重要的意义。

第三,所有学生在接受高等教育时都会遇到困难,如远离家庭、适应不同的教育方式等,只是残疾学生在这个过程中所遇到的困难可能比正常学生更多、更复杂而已。特殊学生进入普通学校,对普通学校的师生、学校行政人员与既有制度都将形成挑战。如果说一个听障学生给学校带来的是挑战和困难的话,那么一群听障学生带给学校的将是一笔丰富的资源。作为一个存在于校园内的群体,他们所能够获得的支持和关注远远大于某一个单独的个体,也更能够传递和表达他们的心声和文化。加之高等教育相对于基础教育而言,更加自由、开放和包容的特点,也使得高等教育中的听障大学生与健听人人际关系的改善成为可能。在融合的背景下,健听人能够充分了解听障学生的需求,进而适时给予协助,那么听障学生在普通学校的适应将会较为顺利。健听人需要学会如何与身心障碍学生相处,了解身心障碍学生的优势是什么,能够为他们提供哪些支持和服务? 而这些都必须通过对听障学生内心声音的倾听才能得以实现。

(三)参加问卷调查的听障学生选取原则及基本信息

1.问卷调查的听障学生选取

为了保证研究的科学性、规范性和广泛性,研究者选取了南京特殊教育职业技术学院下属阳光学院三年制所有在读学生共500人,最后收取有效问卷424份,有效回收率为84.8%,专业涉及艺术设计(装潢艺术设计方向、服装设计与工程方向、电脑艺术设计方向)和园艺技术。

表3.1 听障学生基本信息

变量		百分比/%
性别	男	52.6
	女	47.4
年级	大一	40.8
	大二	42.0
	大三	17.2

续表

变量		百分比/%
家庭所在地	农村	64.0
	城市	36.0
听力损失情况	轻度	12.5
	中度	29.7
	重度	38.0
	极重度	19.8
是否佩戴助听器	是	35.6
	否	64.4
父亲听力状况	健听	95.5
	聋	4.5
母亲听力状况	健听	94.6
	聋	5.4
是否独生子女	是	25.6
	否	74.4
是否有过随班就读的经历	是	22.4
	否	77.6

被试中农村生源高达64.0%;听力损失情况为极重度的学生仅占19.8%,其余大多学生的听力情况属于轻、中度;佩戴助听器的学生较少,仅有35.6%。这与听力损失的情况不是非常匹配,这可能会导致更多的沟通问题产生;听障学生的父母听力正常者居多,这说明大多听障问题都是后天造成的;这些学生中有过随班就读经历的也非常少,仅占22.4%。

2.参加访谈的听障大学生选取

本研究在问卷调查的基础上,以均衡分布的方式从听力损失情况、年级、是否有随班就读经验几个方面考虑,以自愿报名的形式选取了六名听障大学生作为访谈对象。

表3.2　访谈对象基本信息

姓名	性别	听力损失状况	年级	父母听力情况	是否有随班就读经验
小勇	男	中度	大一	父母均为健听人	有
小燕	女	重度	大一	父母均为健听人	无
小刚	男	重度	大二	父亲聋,母亲健听	无
小婷	女	轻度	大二	父母均为健听人	有
小涛	男	极重度	大三	父母均为聋	无
小华	女	中重度	大三	父母健听	无

(1)小勇,山西人,3岁之前失聪,失聪时已经会说一些简单的话。小学四年级以前在普通学校就读,后来因为听力越来越不好,和人沟通困难,也跟不上班上的学习进度,所以父母就将其转学到特殊学校了。可以用口语和健听人做简单的交流,但是谈到更深入、复杂的问题时还是需要通过手语和纸笔来沟通。下面是小勇关于自己求学经历的讲述:"小学时,妈妈告诉老师我的情况,于是那时个子高的我总是被安排在第一排或第二排坐。我也常常奇怪这种安排,但那时年龄小,还意识不到自己的听力有问题。只是感觉每次拼音听写时,我都不知道老师说些什么,除非我抬头看她的嘴型。但是后来随着学习难度越来越大,加上我是男生比较贪玩,又经常因为听不到而受到其他同学的欺负,所以后来就转学到聋校了。"

(2)小燕,四川人。"我2岁半时发烧,很危急,一对宝贵的耳朵被病魔夺去了,心灵被蒙上了一层无法抹去的阴影,走进了无声的世界里。在无声的世界里生活了19年,现在咱最大的痛苦就是没有耳朵。好渴望有一对耳朵,很想说话。可惜当时太小了,时间又太久了,已经想不起是否会说话了,不过目前已经完全不会说话了。一直在聋校读的小学、初中和高中,然后通过全国单招单考,来到该校读大学。"

(3)小刚,江苏人,药物致聋,听力损失。六个月大时因生病打针致聋的,但父母直到三岁时才发现其耳朵已经聋了,到五岁才学会说第一句话。现在基本没有语言,即便说出来,健听人也无法听懂。和健听人交流时使用手语和纸笔。

(4)小婷,湖北人,有一定口语,但吐字不太清晰,与健听人交流时,可以通过读唇和手语交流。"初一下学期开始出现耳鸣,等到初二休学去武汉看病时,已经错过了最佳的治疗期。当时因为家庭条件有限,无法配两个助听器,因此只配了一个将就使用。但后来发现助听器也没起什么作用,戴着听到的声音很大可依然听不清楚!甚至有的时候自己动一下就能弄出很大的声音来,而且别人看到戴着这个东西也经常会问这问那的。所以后来就没有再佩戴了。由于听力的下降,在老师建议下转入聋校学习。刚进聋校时,因为不会手语,在好长一段时间内感觉很孤独,没有朋友。后来慢慢学会了手语,熟悉了聋校的环境后才开始有了一些聋人朋友。"

(5)小涛,江苏人,先天性极重度听力损失,一直在聋校学习。和小涛聊天时,可能因为彼此不熟悉,所以他的话并不是很多,基本上是研究者问一句他答一句,而且语言非常简短。

(6)小华,浙江人,自己也记不清楚听力为什么下降了,但估计是小时候打针导致的药物性耳聋,右耳中度左耳中重度。曾经吃过一段时间的药进行治疗,但是没有好转。小华是个性格外向的人,她是经由研究者同一个教研室的一位手语老师介绍认识的。虽然她也是一直在聋校读书、没有口语,但是书面表达非常顺畅,因此研究者选择了和她在网上交流。

三、调查过程

(一)问卷调查的过程

为确保问卷回收的有效性,研究者在问卷发放时间和地点的选择上,尽量选择在任课老师的课堂上现场填答和回收。这样可以在一定程度上避免一次性施测学生数量过多而造成的敷衍现象。

(二)访谈的过程

研究者首先通过与学校内有经验的教师进行非正式访谈来评估访谈问题的合理性和有效性;然后由阳光学院的老师向听障学生说明访谈意图,经自愿报名和筛选后确定6名学生参加本研究;最后约定了双方都方便的时间和地点进行访谈。其中,有2个访谈是通过网络的形式完成的,其他4个则是在学校的咖啡吧完成的。访谈者在访谈过程中将访谈内容以纸笔和电子文档的形式进行记录。在访谈过程中首先向被访者呈现一份知情同意申明书,以获得他们的同意。访谈以半结构化形式进行,每次持续40~90分钟。在获得人口统计学信息后,以被访者的融合经历为线索,了解他们是否有过融合经历,对此的态度、看法和期望等。

研究中访谈法主要针对南京特殊教育职业技术学院阳光学院的听障学生,选取六名听障学生通过半机构化访谈的形式收集他们在高等融合教育过程中的态度、感受等相关的数据。半结构化的访谈形式可以让学生从多个方面提供他们认为相关和重要的信息。研究者根据研究目的预拟访谈问题,并就该问题与听障生、同行专家等人进行沟通和交流以形成最终的访谈提纲。在正式的访谈过程中,研究者并不完全拘泥于已有的访谈提纲,而是根据具体情境进行适当的调整,以便更好地探寻本研究想要了解的问题。

四、对概念使用上的几点说明

首先,根据2006年第二次全国残疾人抽样调查中的残疾标准将听力障碍的界定为:人由于各种原因导致双耳听不到或听不清周围环境的声音及言语声,以致影响日常生活和社会参与[①]。听力障碍的程度分别为:听力障碍四级(轻度)41~60dB,听力障碍三级(中度)61~80 dB,听力障碍二级(重度)81~90 dB,听力障碍一级(极重度)≥90 dB。在本研究中,听力障碍、听障、聋都是一个含义。

其次,本研究中将正常人称之为"健听人"或"听人",是为了表示对听障学生的尊重,健听人是与听力障碍相对应的一个称呼,是对个体听力状况的一种描述,体现的是一种人与人之间的平等精神。需要特别说明的是,在本研究中有时用到了诸如"残疾人"和"正常人"之类的称呼。但研究者并没有任何歧视之意,只是为了让概念的使用更加方便和更具有涵盖性。

---

① 刘春玲,江琴娣著. 特殊教育概论[M]. 上海:华东师范大学出版社,2008:105

第四章 听障大学生与健听人人际关系问卷的编制与确定

> 当我们发现一个事物与另一个事物的不同时,我们便开始划分世界:用我们的语言来排斥,区分和歧视;用分类和偏见来表达对差异的无法容忍。
>
> ——Minow

第一节 听障大学生与健听人人际关系认知问卷的编制与确定

一、预测问卷的编制

本问卷针对听障大学生与健听人交往的实际情况,从听障大学生对健听人的消极评价、对健听人的积极评价、与健听人交往的意义、对交往困难的积极认识、对交往困难的消极认识五个方面进行问卷设计和维度构建。问卷采用5级量表形式,项目正向计分从"非常不同意"到"非常同意"分别对应从"1"到"5"分,负向计分从"非常不同意"到"非常同意"分别对应从"5"到"1"分(其中A23题需要反向计分);为确保问卷的效度,研究者将编制好的问卷请具有特殊教育学术背景的大学教师及硕、博士、教授共六人(其中一人为聋人大学教师)以及三名听障大学生共同对问卷所包含题目的内容和词句适切性逐一进行审阅,并提出修改意见。研究者再根据意见对题目进行修正和删减,以形成预测问卷。

二、预测问卷的检验及正式问卷的确定

(一)被试的选择

以南京特殊教育职业技术学院阳光学院听障学生为样本,以班级为单位随机抽取大一到大三的听障学生,发放预测问卷220份(样本A),通过探索性因素分析以确定因子结构。然后查找问题,对问卷进行修改后再次发放问卷204份进行验证性因素分析(样本B)。

(二)对样本进行项目分析

研究者采用临界比率法对认知部分进行分析,计算每个部分的题项总分,同时将总分最高的前27%作为高分组;最低分的27%作为低分组。最

低分27%人数对应的总分临界点为87,最高分27%人数对应的总分临界点为99。通过t检验对所有题项进行高低分组之间的差别分析,经检验发现各个题项在高低分组间的差别均为显著。因此项目分析不建议删除任何题项。

(三)统计方法

采用SPSS18.0和Amos18.0对有效数据对样本进行分析。

(四)对样本A进行探索性因素分析

在对样本A进行探索性因素分析时,研究者根据如下原则剔除题目:1.抽取因子的特征根小于1;2.同一个题目不能在两个因子上具有较大负荷(0.5以上);3.每个因子至少有三个题目;4.结合碎石图和因子命名的方便性。在此原则上删除了A3、A23和A27三个题项。因子分析采用最大正交旋转法进行因子分析,最终分析结果如下:

表4.1 KMO和Bartlett 检验

Kaiser-Meyer-Olkin Measure of Sampling Adequacy.		0.855
Bartlett 球形检验	Approx.Chi-Square	2 708.267
	df	300
	Sig.	0.000

根据学者Kaiser观点,如果KMO的值小于0.5时,较不适合进行分析,进行因素分析的一般准则在0.6以上。此处KMO值为0.855。如表4.1所示,指标统计量均大于0.80,呈现的性质为"良好的"标准,表示变量间具有共同因素存在,变量适合进行因素分析。[①]此外,Bartlett's球形检验的显著性概率值p=0.000<0.05,代表总体的相关矩阵间有共同因素存在,适合进行因素分析。

表4.2为总方差的解释表,以特征根值大于1作为确定因子数,从表中可见可以提取到5个因子,五个因子对总方差的解释程度为62.206%。

---

① 吴明隆著. 问卷统计分析实务——SPSS 操作与应用[M]. 重庆:重庆大学出版社,2010:217.

表4.2 认知问卷解释总方差

成分	初始特征值			平方和负荷量萃取			转轴平方和负荷量		
	总和	方差的%	累积%	总和	方差的%	累积%	总和	方差的%	累积%
1	7.214	28.855	28.855	7.214	28.855	28.855	4.461	17.842	17.842
2	3.747	14.987	43.841	3.747	14.987	43.841	3.313	13.252	31.094
3	2.178	8.710	52.551	2.178	8.710	52.551	2.638	10.533	41.647
4	1.369	5.478	58.029	1.369	5.478	58.029	2.615	10.458	52.105
5	1.044	4.177	62.206	1.044	4.177	62.206	2.525	10.101	62.206
6	0.946	3.784	65.989						
7	0.844	3.376	69.366						
8	0.817	3.267	72.633						
9	0.700	2.802	75.435						
10	0.639	2.558	77.992						
11	0.589	2.357	80.349						
12	0.568	2.272	82.621						
13	0.507	2.027	84.648						
14	0.478	1.912	86.560						
15	0.464	1.854	88.414						
16	0.423	1.691	90.105						
17	0.400	1.601	91.707						
18	0.344	1.375	93.081						
19	0.308	1.233	94.314						
20	0.302	1.208	95.522						
21	0.288	1.152	96.674						
22	0.266	1.062	97.736						
23	0.266	0.904	98.640						
24	0.184	0.734	99.374						
25	0.156	0.626	100.000						

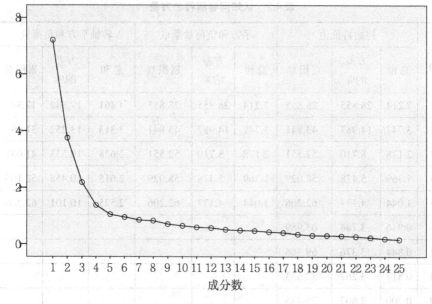

图4.1　因子分析碎石图

根据总方差解释表结合陡坡图检验的结果(图4.1),认知部分一共可以抽取五个共同因素,如表4.3所示。

表4.3　因子分析结果

题项	成分				
	1	2	3	4	5
A1				0.634	
A2				0.684	
A4				0.684	
A5				0.791	
A6				0.645	
A7					0.826
A8					0.853
A9					0.866

续表

题项	成分				
	1	2	3	4	5
A10	0.731				
A11	0.783				
A12	0.809				
A13	0.706				
A14	0.730				
A15	0.636				
A16	0.674				
A17	0.521				
A18		0.674			
A19		0.849			
A20		0.777			
A21		0.670			
A22		0.557			
A24			0.719		
A25			0.757		
A26			0.734		
A28			0.598		

表4.3为因子分析结果,从表中可见因子1包括题项A10、A11、A12、A13、A14、A15、A16和A17,从题项的意义将其定义为对健听人的积极评价;因子2包括题项A18、A19、A20、A21和A22,根据题项的含义将其定义为交往意义的认识(此处主要考察的是听障大学生对与健听人交往意义的认识);因子3包括题项A24、A25、A26和A28,将其定义为对交往困难的积极认识;因子4包括题项A1、A2、A4、A5和A6,将其定义为对健听人的消极评价;因子5包括题项

A7、A8和A9,将其定义为对交往困难的消极评价。

(五)对样本B进行验证性因素分析

为了进一步检验上述探索性因素分析结果的有效性和合理性,研究者继续对样本B进行验证性因素分析。采用极大似然估计法(Maximum likelihood)对认知问卷的五因素结构进行参数估计并结合模型的适配度指标结果(表4.4)发现:验证因子结果合适。

表4.4　认知问卷的适配度指标

x^2/df	RMSEA	NFI	TLI	CFI	GFI	AGFI	PGFI
2.251	0.079	0.777	0.842	0.860	0.819	0.778	0.668

(六)认知问卷的信度检验

对问卷的信度分析采用Cronbach's Alpha系数对其进行描述,一般此值大于0.7则认为问卷的内部一致性较好,分析结果见表4.5,从表中可见问卷整体的信度为0.851,各个维度的信度均大于0.7,说明问卷的信度良好,适合对其进行分析。

表4.5　信度分析结果

维度	Cronbach's Alpha值	数值
问卷整体	0.835	25
对健听人的积极评价	0.878	8
与健听人交往意义的认识	0.883	5
对交往困难的积极认识	0.761	4
对健听人的消极评价	0.704	5
对交往困难的消极认识	0.871	3

第二节　听障大学生与健听人人际关系情绪问卷的编制与确定

一、预测问卷的编制

本问卷试图考察在融合背景下的听障大学生情绪能力如何? 融合的背

景是否会对其情绪能力产生影响？因此问卷针对听障大学生与健听人交往的实际情况，从听障大学生与健听人人家关系中的积极情绪体验、消极情绪体验、积极的情绪表达和消极的情绪表达四个方面进行问卷设计和维度构建。问卷采用5级量表形式，项目正向计分从"非常不符合"到"非常符合"分别对应从"1"到"5"分，负向计分从"非常不符合"到"非常符合"分别对应从"5"到"1"分。问卷编制过程与前一问卷相同。其中B21和B22需要反向计分。

二、预测问卷的检验及正式问卷的确定

（一）被试

与前一问卷相同。

（二）项目分析

项目分析采用临界比率法，27%的高分组对应79，27%的低分组对应66。每个题项都具有鉴别力，因此不建议删除题项。

（三）统计方法

采用SPSS18.0和Amos18.0对有效数据对样本进行分析。

（四）探索性因素分析

分析原则和分析方法同前一问卷。经过对Bartlett球形检验和KMO值的观察显示：样本A的24个题项充足度较好，适合进行因素分析。

表4.6 KMO和Bartlett 检验

Kaiser-Meyer-Olkin 取样适切性量数		0.887
Bartlett 球形检验	近似卡方分布	3 615.770
	自由度	276
	显著性	0.000

探索性因素分析最终结果如下：

从表中可见可以提取到4个因子，4个因子对总方差的解释程度为68.016%。

表4.7 情绪问卷解释总方差

成分	初始特征值			平方和负荷量萃取			转轴平方和负荷量		
	总和	方差的%	累积%	总和	方差的%	累积%	总和	方差的%	累积%
1	7.814	32.557	32.557	7.814	32.557	32.557	5.929	24.706	24.706
2	4.357	18.156	50.713	4.357	18.156	50.713	4.422	18.425	43.131
3	2.848	11.867	62.580	2.848	11.867	62.580	4.167	17.362	60.493
4	1.305	5.436	68.016	1.305	5.436	68.016	1.806	7.523	68.016
5	0.852	3.549	71.565						
6	0.727	3.031	74.595						
7	0.689	2.871	77.466						
8	0.606	2.527	79.993						
9	0.529	2.205	82.198						
10	0.469	1.953	84.151						
11	0.429	1.788	85.939						
12	0.403	1.680	87.618						
13	0.377	1.570	89.188						
14	0.352	1.467	90.655						
15	0.316	1.315	91.970						
16	0.309	1.286	93.256						
17	0.282	1.174	94.430						
18	0.257	1.070	95.500						
19	0.235	0.979	96.476						
20	0.223	0.929	97.408						
21	0.195	0.813	98.221						
22	0.175	0.729	98.950						
23	0.165	0.687	99.637						
24	0.087	0.363	100.000						

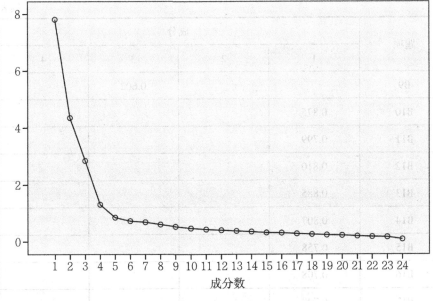

图4.2 情绪问卷因子分析碎石图

根据总方差解释表结合陡坡图检验的结果(图4.2),情绪部分一共可以抽取四个共同因素,如表4.8所示。

表4.8 因子分析结果

题项	成分			
	1	2	3	4
B1		0.786		
B2		0.0826		
B3		0.856		
B4		0.857		
B5		0.836		
B6		0.833		
B7				0.800
B8				0.802

续表

题项	成分			
	1	2	3	4
B9			0.602	
B10	0.875			
B11	0.799			
B12	0.810			
B13	0.885			
B14	0.807			
B15	0.758			
B16	0.708			
B17	0.708			
B18	0.698			
B19				0.574
B20			0.792	
B21			0.844	
B22			0.837	
B23			0.817	
B24			0.883	

从表 4.8 中可见因子 1 包括题项 B10 到 B18,从题项的意义将其定义为消极的情绪体验;因子 2 包括题项 B1 到 B6,根据题项的含义将其定义为积极的情绪体验;因子 3 包括题项 B9、B20、B21、B22、B23、B24,将其定义为消极的情绪表达;因子 4 包括题项 B7、B8、B19,将其定义为积极的情绪表达。

(五)验证性因素分析

为了进一步检验上述探索性因素分析结果的有效性和合理性,研究者继续对样本 B 进行验证性因素分析。采用极大似然估计法(Maximum likelihood)

对情绪问卷的四因素结构进行参数估计并结合模型的适配度指标结果(表4.9)发现:指标中可见各指标适配度合格,证明该问卷因子结构较为合理。

表4.9 情绪问卷的适配度指标

x^2/df	RMSEA	NFI	TLI	CFI	GFI	AGFI	PGFI
2.648	0.090	0.823	0.866	0.881	0.786	0.740	0.645

(六)信度检验

对问卷的信度分析采用Cronbach's Alpha系数对其进行描述,一般认为此值大于0.6则认为问卷的内部一致性尚可。分析结果见表4.10,从表中可见问卷整体的信度为0.899,各个维度的信度均大于0.6,说明问卷的信度尚可,适合对其进行分析。

表4.10 信度分析结果

维度	Cronbach's Alpha值	数值
问卷整体	0.892	24
积极的情绪体验	0.916	6
积极的情绪表达	0.624	3
消极的情绪体验	0.938	9
消极的情绪表达	0.909	6

第三节 听障大学生与健听人人际交往行为问卷的编制与确定

一、预测问卷的编制

本问卷参考Knobloch设计的行为测量问卷,然后根据听障大学生的实际情况和理解能力进行适当的调整,将原来的五个维度合并为主动性交往方式、被动性交往方式、抵触方式三个维度,并将题目由25题调整为23题。问卷采用5级量表形式,项目正向计分从"非常不符合"到"非常符合"分别对应从"1"到"5"分,负向计分从"非常不符合"到"非常符合"分别对应从"5"到"1"分。问卷的编制过程与前面相同。通过该研究,一方面可以了解目前听障大学生在与健听人交往以何种交往方式为主,另一方面也是为今后的干预提供依据。

二、预测问卷的检验及正式问卷的确定

(一)被试

与前一问卷相同。

(二)统计方法

采用SPSS18.0和Amos18.0对有效数据对样本进行分析。

(三)项目分析

项目分析采用临界比率法,27%的高分组对应73,27%的低分组对应64。每个题项都具有鉴别力,因此不建议删除题项。

(四)探索性因素分析

分析原则和分析方法同前一问卷。经过对Bartlett球形检验和KMO值的观察显示:样本A的23个题项充足度较好,适合进行因素分析。

表4.11　KMO和Bartlett　检验

Kaiser-Meyer-Olkin取样适切性量数		0.899
Bartlett 球形检验	近似卡方分布	3185.686
	自由度	253
	显著性	0.000

探索性因素分析最终结果如下:从表4.12中可见可以提取到3个因子,3个因子对总方差的解释程度为62.178%。

表4.12　行为问卷解释总方差

成分	初始特征值			平方和负荷量萃取			转轴平方和负荷量		
	总和	方差的%	累积%	总和	方差的%	累积%	总和	方差的%	累积%
1	7.392	32.138	32.138	7.392	32.138	32.138	5.742	24.963	24.963
2	5.423	23.579	55.718	5.423	23.579	55.718	5.244	22.801	47.765

续表

成分	初始特征值			平方和负荷量萃取			转轴平方和负荷量		
	总和	方差的%	累积%	总和	方差的%	累积%	总和	方差的%	累积%
3	1.486	6.461	62.178	1.486	6.461	62.178	3.315	14.413	62.178
4	0.973	4.230	66.408						
5	0.866	3.764	70.172						
6	0.770	3.347	73.519						
7	0.617	2.682	76.201						
8	0.577	2.507	78.707						
9	0.504	2.193	80.900						
10	0.497	2.163	83.063						
11	0.470	2.043	85.106						
12	0.438	1.905	87.011						
13	0.392	1.705	88.716						
14	0.361	1.569	90.286						
15	0.339	1.472	91.757						
16	0.334	1.451	93.208						
17	0.284	1.236	94.445						
18	0.268	1.164	95.734						
19	0.259	1.125	96.734						
20	0.227	0.985	97.719						
21	0.188	0.817	98.536						
22	0.183	0.797	99.333						
23	0.153	0.667	100.00						

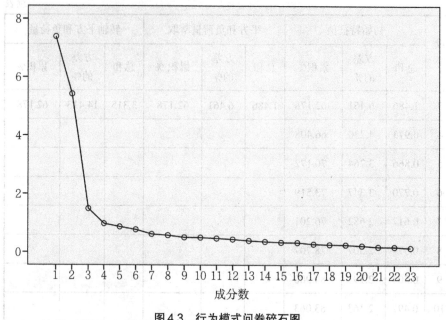

图4.3　行为模式问卷碎石图

表4.13　因子分析结果

题项	成分		
	1	2	3
C1	0.672		
C2	0.846		
C3	0.775		
C4	0.840		
C5	0.761		
C6	0.779		
C7	0.769		
C8	0.801		
C9	0.777		
C10			0.666

续表

题项	成分		
	1	2	3
C11			0.584
C12			0.827
C13			0.815
C14			0.685
C15		0.540	
C16		0.753	
C17		0.771	
C18		0.766	
C19		0.854	
C20		0.792	
C21		0.750	
C22		0.560	
C23		0.715	

　　从表4.13中可见因子1包括题项C1到C9,根据题项的含义将其定义为主动性交往模式;因子2包括题项C15,C16,C17,C18,C19,C20,C21,C22,C23,将其定义为被动性交往模式;因子3包括题项C10到C14,将其定义为抵触模式。

（五）验证性因素分析

　　为了进一步检验上述探索性因素分析结果的有效性和合理性,研究者继续对样本B进行验证性因素分析。采用极大似然估计法(Maximum likelihood)对行为问卷的三因素结构进行参数估计并结合模型的适配度指标结果(表4.14)发现:指标中可见各指标适配度合格,证明该问卷因子结构较为合理。

表4.14　行为问卷的适配度指标

x^2/df	RMSEA	NFI	TLI	CFI	GFI	AGFI	PGFI
2.163	0.076	0.829	0.888	0.899	0.835	0.800	0.687

(六)信度检验

对问卷的信度分析采用Cronbach's Alpha系数对其进行描述,一般认为此值大于0.6则认为问卷的内部一致性尚可,分析结果见表4.15。从表中可见问卷整体的信度为0.834,各个维度的信度均大于0.8,说明问卷的信度较好,适合对其进行分析。

表4.15　信度分析结果

维度	Cronbach's Alpha值	数值
问卷整体	0.834	23
主动性交往模式	0.913	9
被动性交往模式	0.892	9
抵触模式	0.878	5

第五章　听障大学生与健听人人际关系的分析

> 盲,隔绝了人和物;聋,隔绝了人和人。
>
> ——Helen Keller

第一节　研究对象的基本情况分析

一、研究对象与健听人的交流情况分析

(一)和健听人交流方式

由表5.1可见,听障大学生与健听人交流的方式以口语和手语并用最多,其次为书面语。这说明在交流方式上,听障大学生并不拘泥于某一种交流方式,而是以能够实现沟通为目的。

表5.1　听障大学生与健听人的交流方式

交流方式	人数/个	百分比/%
手语	108	25.5
口语	43	10.0
口手并用	157	37.1
书面语	116	27.4

1.地区差异

来自农村和城市的听障大学生在与健听人的交流方式上存在着显著性的差异,以表5.2为例。来自农村的听障大学生更倾向于使用手语和健听人交流,而来自城市的听障大学生则更倾向于使用口语和健听人交流。这说明了城市和农村在听障教育中对口语的重视程度不同。

表5.2　听障大学生与健听人交流方式的地区差异

交流方式	农村	城市	事后比较
手语	83	25	农村>城市
口语	20	23	城市>农村
口手都用	96	61	
书面语	72	44	
X^2值=10.537*			

2.是否佩戴助听器的差异

从表5.3的事后比较可以看出,没有佩戴助听器的个体会更倾向于使用手语和口手并用的方式和健听人进行交流,而佩戴助听器的个体则更多倾向于使用口语的方式来和健听人进行交流。但是目前在我国听障人群中对于佩戴助听器存在较多问题,如没有及时佩戴或不愿佩戴等。这些可能都会导致听障学生与健听人的交流不顺畅。

表5.3　是否佩戴助听器在交流方式上的差异

交流方式	是	否	事后比较
手语	20	88	否>是
口语	26	17	是>否
口手都用	76	81	否>是
书面语	29	87	
X^2值=44.097***			

3.是否随班就读的差异

有过随班就读经历的学生倾向于用口语和健听人交流,这一方面说明了随班就读有利于听障学生的口语发展;另一方面能够随班就读的学生大多是听力损失程度较轻的,这也就在无形中排斥了那些不能用口语,听力损失程度较重的听障学生。

表5.4 是否随班就读在交流方式上的差异

交流方式	是	否	事后比较
手语	18	90	
口语	24	19	是>否
口手都用	38	119	
书面语	15	101	
X^2值=34.290***			

（二）交友意向

从表5.5听障大学生的交友意向可以看出,85.6%的人对与健听人或聋人交友都表现出接纳性。

表5.5 听障大学生的交友意向

交友意向	人数/个	百分比/%
健听人	30	7.1
聋人	31	7.3
两者都可以	363	85.6

1.性别差异

从表5.6可见,不同性别的听障大学生在选择朋友时表现出差异,这与之前戈鹏等人[1]的研究结论有相似之处。具体表现为:男性比女性更倾向于选择健听人作为朋友,而女性则对两种朋友都表现出更多的接纳性。这可能是因为男女在社会角色和性格特点上的不同所导致的。首先,男性在社会角色上要承担更多的责任,所以听障的男生更倾向于通过与健听人交往来提高自己的社会适应能力,以便能够更好地承担起养育家庭、实现自我等责任;其次,在性格上男性的外向性特点也使他们更容易和健听人建立起人际关系。

---

[1] 戈鹏,张茂林. 聋人大学生人际关系困扰及其与社会支持、自尊关系研究[J]. 中国健康心理学杂志,2010(3):356

表5.6 交友意向上的性别差异

交友意向	男	女	事后比较
健听人	23	7	男>女
聋人	20	11	
两者都可以	180	183	女>男
X^2值=9.936**			

(三)健听朋友支持的数量

从表5.7可见,95%的听障大学生都有可为其提供支持的健听朋友。这说明他们大多都与健听人之间可以建立起良好的人际关系。

表5.7 听障大学生获得健听朋友支持的基本情况

健听朋友支持的数量	人数/个	百分比/%
0	21	5.0
1-2	120	28.4
3-5	147	34.6
6个或6个以上	136	32.0

1.性别差异

结合表5.8可见,虽然男性更倾向于和健听人交朋友,但是相较于女性来说,男性获得健听人支持的数量没有女性多。这可能是由于女性的温和以及弱势地位,使她们更容易获得支持。

表5.8 听障大学生获得健听人支持在性别上的差异

健听朋友支持的数量	男	女	事后比较
0	17	4	男>女
1-2	63	57	
3-5	62	85	女>男
6个或6个以上	81	55	
X^2值=14.414**			

2.母亲的听力情况

从表5.9可见,母亲是聋人的听障大学生更容易出现没有健听朋友支持的情况。这说明母亲作为孩子成长过程中的主要养育者,其个性特点会对孩子的人际关系产生重要影响。

表5.9 听障大学生获取健听人支持在母亲听力情况上的差异

健听朋友支持的数量	健听	聋	事后比较
0	16	5	聋 < 健听
1~2	112	8	
3~5	141	6	
6个或6个以上	132	4	
X^2值=16.134**			

(四)最近三个月和健听人的相处频率

表5.10 听障大学生近三个月与健听人的相处频率

相处频率	人数/个	百分比/%
经常	75	17.7
偶尔	292	68.9
从不	57	13.4

1.性别的差异

从表5.11可见,在近三个月中,男性比女性更多地接触健听人,这与表5.6的结论一致。

表5.11 相处频率在性别上的差异

相处频率	男	女	事后比较
经常	52	23	男>女
偶尔	132	160	女>男
从不	39	18	
X^2值=19.453***			

2.年级的差异

从表5.12中可见,在最近的三个月中,大一的听障学生与大二和大三的学生相比,与健听人相处的频率存在显著性差异,具体表现为大一的学生与健听人相处的频率更高。而最近的三个月也正好是大一学生刚刚入校的三个月,军训、迎新等活动都为他们接触健听人提供了更多的机会。而到了大二和大三此类活动就逐渐减少了。再加上,大一新生来到与过去封闭式环境完全不同的新学校,对他们来说充满了好奇和新鲜感。但这种新鲜感在大二和大三学生的身上已经褪去,留下的更多的是失望,这在其后的访谈中也得到了体现。

表5.12　相处频率在年级上的差异

相处频率	大一	大二	大三	事后比较
经常	44	19	12	大一>大二
偶尔	109	135	48	大一>大三
从不	20	24	13	大二>大一
X^2值=14.597**				

(五)能够获得支持的健听朋友来源

从表5.13可见,听障大学生的健听朋友来源中还是以本校其他院系的同学为主。但以同伴关系为主的健听朋友来源,一方面说明听障大学生的交友范围的狭窄,另一方面也间接说明了除健听同伴外的其他社会成员对听障学生的接纳度明显不足。尤其是作为学校教育中的教师,却没有成为听障学生获取支持的来源。因此,健听教师与听障学生之间的师生关系应该引起学校的反思和重视。

表5.13　健听朋友来源

健听朋友来源	人数/个	百分比/%
亲戚	92	21.7
邻居	50	11.8
其他院系的同学	170	40.0
老师	7	1.7
志愿者	2	0.5
其他	103	24.3

第二节 听障大学生与健听人人际关系的认知评价及结果分析

一、认知评价问卷的基本情况

听障大学生对与健听人人际关系的认知包括对健听人的积极评价、对与健听人交往的意义认识、对交往困难的积极评价、对健听人的消极评价以及对交往困难的消极评价五个维度。各个维度的得分情况见表5.14,从表中可以看出:听障大学生对与健听人交往的意义认识和对交往困难的积极认识得分最高,均值都在3.7以上;而听障学生在对健听人的消极评价和对交往困难的消极认识两个维度得分最低,均值在2.7左右,表明对于与健听人的人际关系,他们的积极认识高于消极认识。

表5.14 听障大学生在认知各维度上的得分情况

维度	*Mean*	*SD*
对健听人的积极评价	3.443	0.633
与健听人交往的意义认识	3.769	0.739
对交往困难的积极评价	3.703	0.647
对健听人的消极评价	2.795	0.702
对交往困难的消极评价	2.744	1.005

二、认知评价的特点分析

(一)年级的差异比较

从表5.15中可见,各个维度在不同年级之间均存在显著性差异,尤其是在对健听人的积极评价($F=8.912$,$P=0.000$)、对与健听人交往意义的认识($F=12.883$,$P=0.000$)以及对交往困难的积极评价($F=5.958$,$P=0.003$)三个维度上具有非常显著的差异。

表5.15　不同年级各个维度的差异性比较

维度	年级	Mean	SD	F	Sig
对健听人的积极评价	大一	3.587	0.643	8.912***	0.000
	大二	3.382	0.533		
	大三	3.253	0.758		
对与健听人交往意义的认识	大一	3.929	0.661	12.883***	0.000
	大二	3.756	0.685		
	大三	3.420	0.912		
对交往困难的积极评价	大一	3.725	0.625	5.958**	0.003
	大二	3.775	0.587		
	大三	3.473	0.785		
与健听人的消极评价	大一	2.695	0.623	3.769*	0.024
	大二	2.899	0.688		
	大三	2.779	0.931		
对交往困难的消极评价	大一	2.583	0.965	4.329*	0.014
	大二	2.815	0.968		
	大三	2.954	1.132		

对不同年级之间进行最小显著差异法(LSD)的事后比较(表5.16)发现：在"对健听人的积极评价"维度中，大一显著高于大二和大三；在"对与健听人交往意义的认识"维度中，大一仍然显著高于大二和大三，大二显著高于大三；在"对交往困难的积极评价"维度中，大一显著高于大三，大二也显著高于大三；在"对健听人的消极评价"维度中，大二显著高于大一；在"对交往困难的消极评价"中，大二和大三均显著高于大一。

表5.16 不同年级在认知各维度的事后比较情况

维度	年级(I)	年级(J)	Mean Difference (I–J)	SE	Sig
对健听人的积极评价	大一	大二	0.205**	0.066	0.002
		大三	0.334***	0.087	0.000
	大二	大一	−0.205**	0.066	0.002
		大三	0.129	0.086	0.137
	大三	大一	−0.334***	0.087	0.000
		大二	−0.129	0.086	0.137
对与健听人交往意义的认识	大一	大二	0.173*	0.077	0.025
		大三	0.509***	0.100	0.000
	大二	大一	−0.173*	0.077	0.025
		大三	0.336***	0.100	0.001
	大三	大一	−0.509***	0.100	0.000
		大二	−0.336***	0.100	0.001
对交往困难的积极评价	大一	大二	−0.050	0.068	0.462
		大三	0.252**	0.089	0.005
	大二	大一	0.050	0.068	0.462
		大三	0.302***	0.089	0.001
	大三	大一	−0.252**	0.089	0.005
		大二	−0.302***	0.089	0.001
与健听人的消极评价	大一	大二	−0.204**	0.074	0.006
		大三	−0.084	0.097	0.388
	大二	大一	0.204**	0.074	0.006
		大三	0.120	0.097	0.218
	大三	大一	0.084	0.097	0.388
		大二	−0.120	0.097	0.218
对交往困难的消极评价	大一	大二	−0.232*	0.106	0.030
		大三	−0.371**	0.139	0.008
	大二	大一	0.232*	0.106	0.030
		大三	−0.140	0.139	0.314
	大三	大一	0.371**	0.139	0.008
		大二	0.140	0.139	0.314

（二）听力损失状况的差异比较

不同听力情况的比较结果见表5.17，从表中可见除了"对交往困难的消极评价（$F=2.973$，$P=0.032$）"在不同听力情况组间具有显著性差异以外，其余各维度在不同听力组间的差别不具有统计学意义。

表5.17 不同听力情况各个维度的比较

维度	听力情况	Mean	SD	F	Sig
对健听人的积极评价	轻度	3.593	0.672	1.587	0.192
	中度	3.414	0.639		
	重度	3.393	0.579		
	极重度	3.490	0.691		
对与健听人交往意义的认识	轻度	3.868	0.761	2.237	0.083
	中度	3.642	0.772		
	重度	3.777	0.665		
	极重度	3.882	0.795		
对交往困难的积极评价	轻度	3.750	0.688	1.190	0.313
	中度	3.675	0.619		
	重度	3.655	0.640		
	极重度	3.807	0.674		
对健听人的消极评价	轻度	2.766	0.609	0.655	0.580
	中度	2.752	0.698		
	重度	2.856	0.705		
	极重度	2.762	0.758		
对交往困难的消极评价	轻度	2.591	0.877	2.973*	0.032
	中度	2.905	0.984		
	重度	2.784	1.011		
	极重度	2.523	1.061		

事后比较结果见表5.18:在"对交往困难的消极评价"维度上,听力损失情况为中度的听障学生显著高于极重度的学生。

表5.18　不同听力损失情况在"交往困难的消极评价"维度上的事后比较

听力(I)	听力(J)	Mean Difference (I-J)	SE	Sig
轻度	中度	−0.314	0.163	0.056
	重度	−0.193	0.158	0.222
	极重度	0.069	0.175	0.695
中度	轻度	0.314	0.163	0.056
	重度	0.120	0.119	0.311
	极重度	0.382**	0.141	0.007
重度	轻度	0.193	0.158	0.222
	中度	−0.120	0.119	0.311
	极重度	0.262	0.134	0.052
极重度	轻度	−0.069	0.175	0.695
	中度	−0.382**	0.141	0.007
	重度	−0.262	0.134	0.052

(三)佩戴助听器状况的差异比较

不同维度得分在是否佩戴助听器之间的差异检验结果见表5.19:佩戴助听器组在"对交往困难的积极评价(T=1.991,P=0.047)"和"对健听人的消极评价(T=2.212,P=0.028)"两个维度上均存在显著性差异。在这两个维度上,佩戴助听器组都显著高于未佩戴组。

表5.19 是否佩戴助听器对各个维度的影响

	是否佩戴助听器	*Mean*	*SD*	*t*
对健听人的积极评价	是	3.498	0.596	1.425
	否	3.407	0.652	
对与健听人交往意义的认识	是	3.819	0.685	1.097
	否	3.737	0.771	
对交往困难的积极评价	是	3.787	0.588	1.991*
	否	3.656	0.679	
对健听人的消极评价	是	2.899	0.639	2.212*
	否	2.741	0.733	
对交往困难的消极评价	是	2.787	1.004	0.585
	否	2.727	1.011	

(四)交流方式的差异比较

和健听人的交流方式对各个维度的影响结果见表5.20:在"对交往困难的积极评价($F=2.884$,$P=0.036$)"维度上,不同的交流方式之间存在着显著性差异。

表5.20 和健听人交流方式对不同维度的影响

维度	和健听人交流方式	Mean	SD	F	Sig
对健听人的积极评价	手语	3.444	0.678	0.451	0.717
	口语	3.546	0.769		
	口手并用	3.439	0.562		
	书面	3.414	0.635		
对与健听人交往意义的认识	手语	3.670	0.765	1.235	0.297
	口语	3.912	0.837		
	口手并用	3.795	0.678		
	书面	3.769	0.757		
对交往困难的积极评价	手语	3.579	0.704	2.884*	0.036
	口语	3.909	0.675		
	口手并用	3.731	0.608		
	书面	3.711	0.617		

续表

维度	和健听人交流方式	Mean	SD	F	Sig
对健听人的消极评价	手语	2.720	0.803	1.134	0.335
	口语	2.724	0.640		
	口手并用	2.795	0.673		
	书面	2.881	0.651		
对交往困难的消极评价	手语	2.855	1.031	1.287	0.279
	口语	2.570	1.107		
	口手并用	2.665	0.916		
	书面	2.793	1.035		

经过事后比较分析(见表5.21):使用口语组显著高于使用手语组。

表5.21　不同交流方式在"对交往困难的积极认识"维度上的事后比较

交流方式(I)	交流方式(J)	Mean Difference (I-J)	SE	Sig
手语	口语	−0.330**	0.117	0.005
	口手并用	−0.152	0.080	0.059
	书面	−0.133	0.086	0.124
口语	手语	0.330**	0.117	0.005
	口手并用	0.178	0.112	0.113
	书面	0.197	0.116	0.089
口手并用	手语	0.152	0.080	0.059
	口语	−0.178	0.112	0.113
	书面	0.020	0.079	0.800
书面	手语	0.133	0.086	0.124
	口语	−0.197	0.116	0.089
	口手并用	−0.020	0.079	0.800

(五)交友意向的差异比较

交友意向的分析结果如表5.22所示:在"与健听人交往意义的认识(F=7.711, P=0.001)"和"对交往困难的积极评价(F=4.848, P=0.008)"两个维度上是存在着非常显著的差异。

表5.22 交友意向对各维度的不同影响

维度	最愿意和谁做朋友	*Mean*	*SD*	*F*	Sig
对健听人的积极评价	健听人	3.638	0.512	1.530	0.218
	聋人	3.415	0.608		
	两者都可以	3.430	0.643		
对与健听人交往意义的认识	健听人	3.920	0.634	7.711***	0.001
	聋人	3.287	0.707		
	两者都可以	3.798	0.737		
对交往困难的积极评价	健听人	3.714	0.711	4.848**	0.008
	聋人	3.358	0.621		
	两者都可以	3.731	0.637		
对健听人的消极评价	健听人	2.773	0.708	0.091	0.913
	聋人	2.750	0.709		
	两者都可以	2.801	0.702		
对交往困难的消极评价	健听人	2.900	1.029	0.938	0.392
	聋人	2.914	1.217		
	两者都可以	2.717	0.983		

在"与健听人交往意义的认识"和"对交往困难的积极评价"两个维度上,健听人和两者都可以组均显著高于聋人组。

表5.23　交友意向在"与健听人交往意义的认识"和

"对交往困难的积极评价"维度的事后比较

维度	做朋友(I)	做朋友(J)	Mean Difference (I–J)	SE	Sig
与健听人交往意义的认识	健听人	聋人	0.633***	0.186	0.001
		两者都可以	0.123	0.138	0.376
	聋人	健听人	−0.633***	0.186	0.001
		两者都可以	−0.510***	0.136	0.000
	两者都可以	健听人	−0.123	0.138	0.376
		聋人	0.510***	0.136	0.000
对交往困难的积极评价	健听人	聋人	0.356*	0.164	0.031
		两者都可以	−0.018	0.122	0.886
	聋人	健听人	−0.356*	0.164	0.031
		两者都可以	−0.374**	0.120	0.002
	两者都可以	健听人	0.018	0.122	0.886
		聋人	0.374**	0.120	0.002

(六)相处频率的差异比较

从表5.24可见："对健听人的积极评价($F=11.172$, $P=0.000$)"和"对与健听人交往意义的认识($F=8.761$, $P=0.000$)""对交往困难的积极评价($F=9.662$, $P=0.000$)"三个维度在不同相处频率组间的差异非常显著。

表5.24　相处频率之间的差异检验

维度	相处的次数	Mean	SD	F	Sig
对健听人的积极评价	经常	3.711	0.718	11.172***	0.000
	偶尔	3.419	0.553		
	从不	3.213	0.780		

续表

维度	相处的次数	Mean	SD	F	Sig
对与健听人交往意义的认识	经常	3.924	0.705	8.761***	0.000
	偶尔	3.798	0.665		
	从不	3.414	1.006		
对交往困难的积极评价	经常	3.804	0.637	9.662***	0.000
	偶尔	3.743	0.570		
	从不	3.364	0.897		
对健听人的消极评价	经常	2.719	0.744	0.958	0.384
	偶尔	2.827	0.652		
	从不	2.733	0.871		
对交往困难的消极评价	经常	2.773	1.203	0.538	0.584
	偶尔	2.714	0.926		
	从不	2.860	1.113		

从表5.25的事后比较可见:在"对健听人的积极评价"维度上,经常组显著高于偶尔和从不组,偶尔组显著高于从不组;"与健听人交往意义的认识"和"对交往困难的积极评价"两个维度上,经常组显著高于从不组,偶尔组显著高于从不组。这即是说,听障学生只要和健听人有接触,其都会有更加积极的认识和评价。

表5.25　不同相处频率在三个维度上的事后比较

维度	相处（I）	相处（J）	Mean Difference（I-J）	SE	Sig
对健听人的积极评价	经常	偶尔	0.291***	0.080	0.000
		从不	0.498***	0.109	0.000
	偶尔	经常	−0.291***	0.080	0.000
		从不	0.206*	0.090	0.022
	从不	经常	−0.498***	0.109	0.000
		偶尔	−0.206*	0.090	0.022

续表

维度	相处（I）	相处（J）	Mean Difference（I-J）	SE	Sig
与健听人交往意义的认识	经常	偶尔	0.126	0.094	0.180
		从不	0.510***	0.128	0.000
	偶尔	经常	−0.126	0.094	0.180
		从不	0.384***	0.105	0.000
	从不	经常	−0.510***	0.128	0.000
		偶尔	−0.384***	0.105	0.000
对交往困难的积极评价	经常	偶尔	0.062	0.082	0.453
		从不	0.440***	0.112	0.000
	偶尔	经常	−0.062	0.082	0.453
		从不	0.379***	0.092	0.000
	从不	经常	−0.440***	0.112	0.000
		偶尔	−0.379***	0.092	0.000

三、小结与讨论

（一）整体情况分析

从各个维度的得分来看,关于积极认识的三个方面:对健听人的积极评价、与健听人交往意义的认识和对交往困难的积极评价平均得分为3.638;而消极评价的两个方面:对健听人的消极评价和对交往困难的消极评价平均得分为2.770。这说明了听障大学生关于与健听人人际关系的认知整体上是比较积极的。其中,对与健听人交往意义的认识和对交往困难的积极评价得分最高。也就是说,听障大学生基本都认可与健听人的交往有利于自我的发展,同时也认为这种交往的困难通过努力是可以克服的。其次,他们对健听人的评价积极方面高于消极方面,即在他们眼里健听人大多都是真诚、热情、善良的。研究者认为这个相对积极的结论有以下两点原因:第一,研究对象是听障大学生,相对其他听障人群来说,他们有着较高的接受能力和学习能力。所以能够比较合理、客观地看待与健听人的交往关系。第二,和所处的环境有关。

一个融合的校园为他们提供了良好的接纳环境,在这里接触到的健听人基本都是友好的。这有利于他们对与健听人的人际关系产生良好的认识。

(二)差异分析

通过T检验和方差分析发现听障大学生在年级、听力损失情况、佩戴助听器、交流方式、交友意向和相处频率上存在着显著性差异。

1.随着年级的增加,听障学生关于人际关系的认知总体来说呈现出积极认识下降,消极评价升高的特点。年级上的差异,一方面是对环境不利的反映。融合校园所营造的良好氛围抵御不了现实的残酷,所以再积极的认识在现实的社会中都会逐渐被消磨。但是另一方面对于学校教育来说,则需要抓住良好的教育契机,大一学生的积极认识应该得到保护和巩固。

2.听力损失为中度的学生在对交往困难的消极评价上,比极重度的学生更加消极。之所以出现这样的情况,可能是因为在我国大多听障人群由于经济和意识的关系,常常都是到了重度(61~80分贝)才开始佩戴助听器。在这种缺少助听器辅助的情况下,他们虽然能听到言语声,但辨音不清,在理解和交流等活动上容易受限,这使得听力中度损伤的学生比极重度的学生更加尴尬。虽然他们听力更好,但是仍然会出现交往的困难。这种能力与困难之间的不相符,也使得他们比极重度的听障学生对交往困难的认识更加消极。同时这种状况的出现,也正是聋人文化中态度性耳聋(attitudinal deafness)的表现,即个体是否把自己视为聋人与其听力损失程度关系不大[1]。也就是说可能听力损失为中度的学生与那些极重度的学生相比,更容易把自己当作聋人,也就更容易对交往困难产生消极的认识,觉得这种困难难以克服。

3.佩戴助听器的学生在对交往困难的积极评价和对健听人的消极评价上,表现出对健听人的评价更加消极,但是对交往困难的认识却更加积极。这可能是因为他们在助听器的辅助下,虽然能够听到声音但是又听不清楚,这使得他们在与健听人交往的过程中更容易产生消极的体会。而对于这种交往的困难,他们又比不佩戴助听器的学生积极,这是因为毕竟助听器的佩戴让他们对声音的需求得到了一定的满足,在一定程度上改善了他们的听力,而这正是

[1] 丹尼尔·P.哈拉汗,詹姆士·M.考夫曼,佩吉·C.普伦. 特殊教育导论[M]. 肖非,等译. 北京:中国人民大学出版社,2010:317

与健听人交往的基础所在。所以这看似矛盾的两个方面实质上并不矛盾。

4.使用口语和健听人交往的学生在对交往困难的认识上,比使用手语的学生更加积极。这从侧面说明了手语使用范围的狭窄性,使得听障人群必须调整自己的交流方式以适应健听人社会,从而才能产生更加积极的态度。

5.选择和聋人交朋友的学生与其他两种交友意向的学生相比,在对交往意义和对交往困难的积极评价上都表现得最为消极。这可能是因为选择最愿意和聋人交朋友的听障学生,在一开始就已经限制了自己和健听人之间的关系,将自己固定在聋人圈子里,所以对于与健听人的交往并不是非常在意。听障人群与健听人的社交动机不强,即是说他们觉得这种交往可有可无。只有在他们需要帮助的时候,比如去医院看病、军训与教官沟通等时候,主动交往的动机才会比较强。也就是说动机只有在产生需要的时候才会得到加强。之所以出现这种情况,还是和他们长期生活在听障群体中有关。在听障群体中他们不会觉得生活不便,自然也就不需要去考虑与健听人交往的问题了。但总体来说,这样的听障学生并不多,仅占所调查学生的7.3%。

6.近三个月来没有和健听人相处的学生在对健听人的积极评价、对与健听人交往意义的认识和对交往困难的积极评价三个维度上,显得最为消极和悲观。事实证明,对一个新刺激(陌生人的脸、一幅抽象画、一件产品或其他什么)的重复接触通常会迅速提高对这种刺激的正面评价[①]。通过重复接触、新鲜可怕的刺激会逐渐变得安全和熟悉起来,这间接说明了相处是改变认知的最好方法。

第三节　听障大学生与健听人人际关系的情绪能力及结果分析

一、情绪能力问卷的基本情况

本问卷包括消极的情绪体验、积极的情绪体验、消极的情绪表达、积极的情绪表达四个维度。对各个维度进行描述性分析结果见表5.26,从表中可见各个维度中积极的情绪表达得分最高,其均分为3.591,其次为积极的情绪体验,其均分为3.422,得分最低的为消极的情绪体验。这表明在与健听人的人际交往中,听障学生大多能够体验到积极的情绪,也能够适当的表达积极的

---

① R·A.巴伦,D.伯恩. 社会心理学(第十版上册)[M]. 上海:华东师范大学出版社,2004:331

情绪。

表5.26　听障大学生在情绪问卷各维度的基本描述

维度	*Mean*	*SD*
消极的情绪体验	2.674	0.791
积极的情绪体验	3.422	0.811
消极的情绪表达	2.785	0.885
积极的情绪表达	3.591	0.696

二、情绪能力的特点分析

(一)性别的差异比较

从下表可见,不同性别的听障大学生在消极情绪表达($T=2.790,P=0.006$)方面存在着非常显著的差异,男生组显著高于女生组。

表5.27　不同性别之间的差异比较

维度	性别	*Mean*	*SD*	*t*
消极的情绪体验	男	2.688	0.752	0.341
	女	2.662	0.834	
积极的情绪体验	男	3.420	0.807	−0.196
	女	3.435	0.807	
消极的情绪表达	男	2.901	0.878	2.790**
	女	2.664	0.872	
积极的情绪表达	男	3.584	0.718	−0.431
	女	3.613	0.650	

(二)年级的差异比较

如表5.28所示,年级差异主要表现消极情绪的表达($F=5.059,P=0.007$)和积极的情绪表达($F=5.656,P=0.004$)。

表5.28　不同年级在情绪各维度的差异检验

维度	年级	*Mean*	SD	F	Sig
消极的情绪体验	大一	2.605	0.787	1.306	0.272
	大二	2.701	0.810		
	大三	2.770	0.750		
积极的情绪体验	大一	3.473	0.824	0.590	0.555
	大二	3.381	0.789		
	大三	3.402	0.840		
消极的情绪表达	大一	2.627	0.900	5.059**	0.007
	大二	2.864	0.852		
	大三	2.964	0.882		
积极的情绪表达	大一	3.724	0.708	5.656**	0.004
	大二	3.519	0.593		
	大三	3.454	0.844		

　　具体可见表5.29，在消极情绪的表达维度上，大二显著高于大一，大三显著高于大一；在积极的情绪表达维度上，大一显著高于大二和大三。也就是说，大一的听障学生更倾向于向健听人表达积极的情绪，大二和大三的学生则更倾向于向健听人表达消极的情绪。

表5.29　不同年级在消极情绪表达和积极情绪表达维度上的事后比较

维度	年级(I)	年级(J)	Mean Difference (I−J)	SE	Sig
消极的情绪表达	大一	大二	−0.237*	0.094	0.012
		大三	−0.337*	0.122	0.006
	大二	大一	0.237**	0.094	0.012
		大三	−0.100	0.122	0.411

续表

维度	年级（I）	年级（J）	Mean Difference（I−J）	SE	Sig
消极的情绪表达	大三	大一	0.337**	0.122	0.006
		大二	0.100	0.122	0.411
积极的情绪表达	大一	大二	0.206**	0.074	0.005
		大三	0.270**	0.096	0.005
	大二	大一	−0.206**	0.074	0.005
		大三	0.065	0.096	0.500
	大三	大一	−0.270**	0.096	0.005
		大二	−0.065	0.096	0.500

（三）交流方式的差异比较

和健听人的交流方式对各个维度的影响结果见表5.30，从表中可见除了在积极的情绪表达（P=2.801，P=0.040）维度上具有显著性差异以外，其余维度在不同组间的差别是不显著的。

表5.30　不同交流方式在情绪各维度上的差异

维度	和健听人交流方式	Mean	SD	F	Sig
消极的情绪体验	手语	2.645	0.816	0.240	0.868
	口语	2.601	1.026		
	口手并用	2.702	0.703		
	书面	2.687	0.794		
积极的情绪体验	手语	3.427	0.871	0.405	0.750
	口语	3.307	1.041		
	口手并用	3.414	0.748		
	书面	3.467	0.749		

续表

维度	和健听人交流方式	*Mean*	SD	*F*	Sig
消极的情绪表达	手语	2.870	0.932	1.809	0.145
	口语	2.566	0.990		
	口手并用	2.846	0.828		
	书面	2.698	0.871		
积极的情绪表达	手语	3.490	0.748	2.801*	0.040
	口语	3.853	0.705		
	口手并用	3.580	0.714		
	书面	3.607	0.600		

　　对不同交流方式之间的积极情绪表达进行事后比较分析,分析结果见表5.31。从表中可见使用口语组显著高于使用手语、口手并用和书面语的听障学生。

表5.31　不同交流方式在积极情绪表达维度上的事后比较

交流方式(I)	交流方式(J)	Mean Difference (I-J)	SE	Sig
手语	口语	−0.363**	0.126	0.004
	口手并用	−0.090	0.866	0.298
	书面	−0.117	0.093	0.208
口语	手语	0.363**	0.126	0.004
	口手并用	0.273*	0.120	0.024
	书面	0.246*	0.125	0.049
口手并用	手语	0.090	0.087	0.298
	口语	−0.273*	0.120	0.024
	书面	−0.027	0.085	0.753
书面	手语	0.117	0.093	0.208
	口语	−0.246*	0.125	0.049
	口手并用	0.027	0.085	0.753

（四）交友意愿的差异比较

交友意愿对不同维度的影响见表，从表中可见：交友意愿在消极的情绪体验（$F=5.148$，$P=0.006$）和积极的情绪体验（$F=3.761$，$P=0.024$）两个维度上存在着显著的差异。

表5.32　交友意愿在各维度的差异检验

维度	最愿意和谁做朋友	Mean	SD	F	Sig
消极的情绪体验	健听人	2.611	0.893	5.148**	0.006
	聋人	3.108	0.830		
	两者都可以	2.642	0.770		
积极的情绪体验	健听人	3.761	0.596	3.761*	0.024
	聋人	3.584	0.714		
	两者都可以	3.380	0.828		
消极的情绪表达	健听人	3.060	1.116	1.572	0.209
	聋人	2.780	0.775		
	两者都可以	2.762	0.872		
积极的情绪表达	健听人	3.763	0.608	2.060	0.129
	聋人	3.403	0.767		
	两者都可以	3.593	0.695		

事后比较的分析结果见表5.33，从表中可见：在消极的情绪体验维度上，选择最愿意和聋人交朋友的听障学生显著高于选择健听人和两者都可以的听障学生。在积极情绪体验维度上，选择和健听人交友的听障学生显著高于两者都可以的学生。

表5.33　交友意愿在消极情绪体验和积极情绪体验两个维度上的事后比较

维度	做朋友（I）	做朋友（J）	Mean Difference（I–J）	*SE*	Sig
消极的情绪体验	健听人	聋人	−0.496*	0.201	0.014
		两者都可以	−0.031	0.149	0.836
	聋人	健听人	0.496*	0.201	0.014
		两者都可以	0.466**	0.147	0.002
	两者都可以	健听人	0.031	0.149	0.836
		聋人	−0.466**	0.147	0.002
积极的情绪体验	健听人	聋人	0.177	0.206	0.391
		两者都可以	0.381*	0.153	0.013
	聋人	健听人	−0.177	0.206	0.391
		两者都可以	0.203	0.151	0.178
	两者都可以	健听人	−0.381*	0.153	0.013
		聋人	−0.203	0.151	0.178

（五）相处频率的差异比较

相处频率在积极的情绪体验（$F=5.174, P=0.006$）和积极的情绪表达（$F=3.590, P=0.028$）两个维度上存在着显著性差异，其他两个维度之间则没有差异，其结果可见表5.34。

表5.34　相处频率在情绪各维度上的差异检验

维度	相处的次数	*Mean*	SD	F	Sig
消极的情绪体验	经常	2.643	0.882	0.586	0.557
	偶尔	2.700	0.751		
	从不	2.582	0.867		
积极的情绪体验	经常	3.688	0.812	5.174**	0.006
	偶尔	3.377	0.773		
	从不	3.305	0.936		

续表

维度	相处的次数	Mean	SD	F	Sig
消极的情绪表达	经常	2.723	1.023	0.682	0.506
	偶尔	2.778	0.843		
	从不	2.901	0.911		
积极的情绪表达	经常	3.750	0.821	3.590*	0.028
	偶尔	3.583	0.631		
	从不	3.427	0.801		

相处频率在不同维度的比较分析见表5.35,从表中可见:在积极的情绪体验方面,经常组显著高于偶尔和从不组;在积极的情绪表达方面,经常组显著高于从不组。

表5.35　相处频率在积极情绪体验和积极情绪表达两个维度上的事后比较

维度	相处(I)	相处(J)	Mean Difference (I–J)	SE	Sig.
积极的情绪体验	经常	偶尔	0.311**	0.104	0.003
		从不	0.383**	0.141	0.007
	偶尔	经常	−0.311**	0.104	0.003
		从不	0.072	0.116	0.537
	从不	经常	−0.383**	0.141	0.007
		偶尔	−0.072	0.116	0.537
积极的情绪表达	经常	偶尔	0.167	0.090	0.064
		从不	0.323**	0.122	0.008
	偶尔	经常	−0.167	0.895	0.064
		从不	0.156	0.100	0.120
	从不	经常	−0.323**	0.122	0.008
		偶尔	−0.156	0.100	0.120

三、小结与讨论

(一)整体情况分析

首先总体来说,听障大学生在与健听人交往的过程中,更多的是体会到积极的情绪,即他们会在相处的过程中感到舒服、快乐等等;同时,他们也更加容易把自己的积极情绪向健听人表达出来,如向健听人表达自己的高兴。而消极的情绪体验和消极的情绪表达得分相对较低,这一方面说明健听人的友善可以减少听障学生的消极情绪体验,另一方面也说明听障学生能够在一定程度上控制自己不良情绪的表达。

(二)差异分析

1.在消极情绪表达方面,男生比女生更容易向健听人表达出自己的消极情绪,换言之男生在控制消极情绪方面不如女生。这也许和男女情感表达的方式有关,男性倾向于外向型表达,而女性则更倾向于内敛型的情绪表达方式。所以女性可能比男性更容易控制负面情绪。但这在人际关系中并不能完全的将其评判为不好,因为情绪表达的目的在于让他人了解自己。所以适当的(不良)情绪表达在一定程度上也可以促进人际关系,但其中需要注意的就是表达的方式和表达的程度。

2.情绪表达的差异还体现在年级上,大一的学生倾向于表达积极的情绪,而大二和大三的学生则更容易表现出消极的情绪。这和前面认知部分的结论相呼应。

3.使用口语交流的学生比使用其他三种方式交流的学生更容易向健听人表达积极的情绪。这可能是因为使用口语使两类学生的交流更为顺畅,而且使用口语的表达比手语更加丰富,尤其是对于那些细微情感的表述,所以在情绪上也就可以更多地向健听人传递自己的快乐。

4.在消极情绪体验上,选择最愿意和聋人交朋友的学生在与健听人交往时更容易体验到消极的情绪;而选择更愿意和健听人交朋友的学生则在人际交往中的情绪体验比其他两种意愿的学生更为积极。

5.经常和健听人相处的学生与其他两种学生相比,有着更积极的情绪体验,也更擅长向健听人表达自己的积极情绪。根据当代情绪理论模型来看,日常生活中人们的情绪在很大程度上是受到自己对事件认识的影响[1]。再结合前文接触容易让听障学生产生积极的评价可以推知:一个熟悉的面孔可能还会激发正面的情感、激活表层肌肉及大脑的活动,在某种程度上这预示着某种正面的情绪反应[2]。

第四节　听障大学生与健听人人际关系的行为模式及结果分析

一、行为模式问卷的基本情况

本问卷包括主动性交往模式、被动性交往模式和抵触模式三个维度。对各个维度进行描述性分析,结果见表5.36。从表中可见,主动性交往模式的得分为3.512,在三种行为模式中得分最高。也就是说在与健听人交往时,大多数听障学生还是会表现出较为主动的行为,如会去了解健听人,会和健听人分享自己的事情等等。

表5.36　行为模式各维度的基本描述

维度	Mean	SD
主动性交往模式	3.512	0.723
被动性交往模式	2.420	0.690
抵触模式	2.454	0.689

二、行为模式的特点分析

(一)年级的差异比较

从年级上看,在"被动性交往模式($F=5.691,P=0.004$)"和"抵触模式($F=7.796,P=0.000$)"两个维度上存在着非常显著的差异。

[1] Dennis Coon. 心理学导论——思想与行为的认识之路(第9版)[M]. 郑钢,等译. 北京:中国轻工业出版社,2004:492-493
[2] R.A. 巴伦,D. 伯恩. 社会心理学(第十版上册)[M]. 上海:华东师范大学出版社,2004:332

表5.37　不同年级各个维度的差异检验

维度	年级	*Mean*	*SD*	*F*	Sig
主动性交往模式	大一	3.538	0.747	0.199	0.820
	大二	3.494	0.710		
	大三	3.492	0.778		
被动性交往模式	大一	2.290	0.686	5.691**	0.004
	大二	2.488	0.696		
	大三	2.565	0.640		
抵触模式	大一	2.297	0.683	7.796***	0.000
	大二	2.548	0.667		
	大三	2.592	0.693		

　　从表5.38可见，在被动性行为模式和抵触模式下，大二显著高于大一，大三也显著高于大一。换言之，大二和大三比大一更容易出现被动和抵触的行为。

表5.38　不同年级各个维度的事后比较

维度	年级（I）	年级（J）	Mean Difference（I-J）	*SE*	Sig
被动性交往模式	大一	大二	−0.198**	0.077	0.007
		大三	−0.276**	0.101	0.004
	大二	大一	0.198**	0.077	0.007
		大三	0.078	0.101	0.409
	大三	大一	0.276**	0.073	0.004
		大二	0.078	0.095	0.409
抵触模式	大一	大二	−0.250***	0.072	0.001
		大三	−0.294**	0.095	0.002
	大二	大一	0.250***	0.072	0.001
		大三	−0.044	0.094	0.640
	大三	大一	0.294**	0.095	0.002
		大二	0.044	0.094	0.640

(二)母亲听力情况的差异

母亲的听力情况在抵触模式($T=-2.039$, $P=0.042$)上存在着显著性差异,母亲为健听组的听障学生显著低于母亲为聋的学生,也就是说母亲听力情况为聋的听障学生在与健听人交往时更容易出现抵触行为。

表5.39　母亲听力情况对各维度的影响

维度	母亲的听力状况	*Mean*	*SD*	*t*
主动性交往模式	健听	3.505	0.729	-1.075
	聋	3.672	0.599	
被动性交往模式	健听	2.406	0.693	-1.794
	聋	2.672	0.625	
抵触模式	健听	2.439	0.692	-2.039*
	聋	2.739	0.561	

(三)是否独生子女差异比较

从表5.40可见,是否独生子女在主动性交往模式($T=-2.083$, $P=0.039$)上存在着显著性差异,其他两个维度则没有差异。具体来说,非独生子女的听障组显著高于独生子女组,即多子女家庭的听障学生更加会主动和健听人交往。

表5.40　是否独生子女在行为模式各个维度的差异比较

维度	是否独生子女	*Mean*	*SD*	*t*
主动性交往模式	是	3.368	0.866	-2.083*
	否	3.559	0.662	
被动性交往模式	是	2.344	0.686	-1.224
	否	2.438	0.685	
抵触模式	是	2.424	0.742	-0.415
	否	2.456	0.668	

(四)是否随班就读的差异比较

是否有过随班就读经历在抵触模式($T=1.963$, $P=0.050$)上存在着显著性差异,有过随班就读经历的听障学生显著高于没有随班就读经历的学生。

表5.41　是否曾经在普通学校读过书对各维度的影响

维度	是否曾经在普通学校读过书	*Mean*	SD	*t*
主动性交往模式	是	3.573	−0.687	0.940
	否	3.494	0.735	
被动性交往模式	是	2.463	0.716	0.714
	否	2.406	0.683	
抵触模式	是	2.575	0.672	1.963*
	否	2.417	0.691	

(五)交流方式的差异比较

与健听人的交流方式在被动性交往模式(F=3.666,P=0.012)和抵触模式(F=4.030,P=0.008)中存在着显著差异,而在主动性交往模式中是不存在差异的。

表5.42　和健听人交流方式对不同维度的影响

维度	和健听人交流方式	*Mean*	SD	F	Sig
主动性交往模式	手语	3.455	0.828	0.760	0.517
	口语	3.644	0.737		
	口手并用	3.537	0.686		
	书面	3.495	0.660		
被动性交往模式	手语	2.568	0.726	3.666*	0.012
	口语	2.196	0.708		
	口手并用	2.436	0.681		
	书面	2.345	0.640		
抵触模式	手语	2.609	0.695	4.030**	0.008
	口语	2.344	0.709		
	口手并用	2.487	0.642		
	书面	2.311	0.709		

从表5.43可见：在被动性交往模式的维度上，使用手语组显著高于口语组和书面语组，口手并用组显著高于口语组；在抵触模式的维度上，使用手语显著高于口语组和书面语组，口手并用组显著高于书面语组。这说明交流方式在听障学生和健听人交往中有着非常重要的地位，它会直接影响到人际交往中的行为模式。

表5.43　对交往困难的积极认识不同交流方式之间的事后比较

维度	交流方式(I)	交流方式(J)	Mean Difference (I–J)	SE	Sig
被动性交往模式	手语	口语	0.372**	0.125	0.003
		口手并用	0.132	0.086	0.124
		书面	0.223*	0.092	0.015
	口语	手语	−0.372**	0.125	0.003
		口手并用	−0.240*	0.119	0.044
		书面	−0.149	0.123	0.226
	口手并用	手语	−0.132	0.086	0.124
		口语	0.240**	0.119	0.044
		书面	0.091	0.084	0.281
	书面	手语	−0.223*	0.092	0.015
		口语	0.149	0.123	0.226
		口手并用	−0.091	0.834	0.281
抵触模式	手语	口语	0.264*	0.124	0.033
		口手并用	0.122	0.085	0.153
		书面	0.297***	0.091	0.001
	口语	手语	−0.264*	0.124	0.033
		口手并用	−0.143	0.118	0.229
		书面	0.033	0.123	0.790
	口手并用	手语	−0.122	0.085	0.153
		口语	0.143	0.118	0.229
		书面	0.175*	0.083	0.036
	书面	手语	−0.297***	0.091	0.001
		口语	−0.033	0.123	0.790
		口手并用	−0.175*	0.083	0.036

(六)交友意愿的差异比较

交友意愿在主动性交往模式(F=3.555,P=0.029)、被动性交往模式(F=5.126,P=0.006)和抵触模式(F=4.248,P=0.015)三个维度上均存在显著差异,其中以"被动性交往模式"维度上的差异最为显著。

表5.44　交友意愿在行为模式各维度的差异检验

维度	最愿意和谁做朋友	Mean	SD	F	Sig
主动性交往模式	健听人	3.689	0.931	3.555*	0.029
	聋人	3.217	0.621		
	两者都可以	3.522	0.707		
被动性交往模式	健听人	2.578	0.934	5.126**	0.006
	聋人	2.753	0.737		
	两者都可以	2.379	0.655		
抵触模式	健听人	2.660	0.855	4.248*	0.015
	聋人	2.716	0.774		
	两者都可以	2.415	0.659		

在主动性交往模式上,选择健听人组显著高于选择聋人组,选择两者都可以组显著高于选择聋人组;在被动性交往模式和抵触模式上,选择聋人组均显著高于选择两者都可以组。

表5.45　交友意愿在主动性交往和被动性交往模式两维度上的事后比较

维度	做朋友(I)	做朋友(J)	Mean Difference(I-J)	SE	Sig
主动性交往模式	健听人	聋人	0.472*	0.184	0.011
		两者都可以	0.167	0.137	0.223
	聋人	健听人	−0.472*	0.184	0.011
		两者都可以	−0.305*	0.135	0.024
	两者都可以	健听人	−0.167	0.137	0.223
		聋人	0.305*	0.135	0.024

维度	做朋友(I)	做朋友(J)	Mean Difference（I-J）	SE	Sig
被动性交往模式	健听人	聋人	−0.175	0.175	0.318
		两者都可以	0.199	0.130	0.126
	聋人	健听人	0.175	0.175	0.318
		两者都可以	0.374**	0.128	0.004
	两者都可以	健听人	−0.199	0.130	0.126
		聋人	−0.374**	0.128	0.004
抵触模式	健听人	聋人	−0.056	0.175	0.749
		两者都可以	0.245	0.130	0.059
	聋人	健听人	0.056	0.175	0.749
		两者都可以	0.301*	0.128	0.019
	两者都可以	健听人	−0.245	0.130	0.59
		聋人	−0.301*	0.128	0.019

（七）健听朋友支持的差异

健听朋友支持在主动性交往模式（$F=3.791$，$P=0.011$）上存在显著性差异。

表5.46　健听朋友支持在行为模式各维度上的差异比较

维度	朋友支持	Mean	SD	F	Sig
主动性交往模式	0	3.259	0.962	3.791*	0.011
	1−2	3.386	0.761		
	3−5	3.526	0.653		
	6个及6个以上	3.650	0.702		
被动性交往模式	0	2.700	0.50	2.156	0.093
	1−2	2.477	0.734		
	3−5	2.412	0.611		
	6个及6个以上	2.332	0.716		
抵触模式	0	2.410	0.728	0.710	0.546
	1−2	2.380	0.727		
	3−5	2.495	0.667		
	6个及6个以上	2.476	0.675		

如表5.47所示：有6个或6个以上健听朋友组显著高于0个人组和1-2个人组，这说明能够获得越多健听朋友支持的听障学生，越容易在与健听人交往时表现出主动性，也越能够提高他们与健听人交往的可能性。

表5.47　主动性交往模式的事后比较

维度	你有多少关系密切可以帮助自己的健听朋友（I）	你有多少关系密切可以帮助自己的健听朋友（J）	Mean Difference（I-J）	SE	Sig
主动性交往模式	0	1-2	−0.126	0.170	0.457
		3~5	−0.266	0.167	0.112
		6个或6个以上	−0.391*	0.168	0.021
	1-2	0	0.126	0.170	0.457
		3~5	−0.140	0.088	0.114
		6个或6个以上	−0.264**	0.090	0.004
	3~5	0	0.266	0.167	0.112
		1-2	0.140	0.088	0.114
		6个或6个以上	−0.124	0.086	0.148
	6个或6个以上	0	0.391*	0.168	0.021
		1-2	0.264**	0.090	0.004
		3~5	0.124	0.086	0.148

（八）相处频率的差异比较

近三个月的相处频率在主动性交往模式（$F=6.626$，$P=0.001$）上存在着非常显著的差异。

表5.48　相处频率在行为模式各维度上的差异检验

维度	相处的频率	Mean	SD	F	Sig
主动性交往模式	经常	3.679	0.717	6.626***	0.001
	偶尔	3.524	0.689		
	从不	3.227	0.828		
被动性交往模式	经常	2.489	0.791	2.539	0.080
	偶尔	2.372	0.646		
	从不	2.576	0.750		
抵触模式	经常	2.531	0.866	0.782	0.458
	偶尔	2.448	0.625		
	从不	2.383	0.739		

如表5.49所示：在近三个月内的相处频率来看，经常组和偶尔组都显著高于从不组。

表5.49　相处频率在主动性交往模式维度上的事后比较

维度	相处频率(I)	相处频率(J)	Mean Difference (I-J)	SE	Sig
主动性交往模式	经常	偶尔	0.154	−0.092	0.096
		从不	0.451***	0.125	0.000
	偶尔	经常	−0.154	0.092	0.096
		从不	0.297**	0.103	0.004
	从不	经常	−0.451***	0.125	0.000
		偶尔	−0.297**	0.103	0.004

三、小结与讨论

(一)整体情况分析

总体来说，在与健听人交往的过程中，听障大学生主动性交往的行为得分最高。这种交往模式说明了听障大学生是渴望去了解和融入健听人社会的，这也是对前面问卷一里两个得分最高的维度："对与健听人交往意义的认识"和"交往困难的积极评价"的一个一致回应。

(二)差异分析

1.大二和大三的学生在与健听人交往时更容易出现被动和抵触的行为，这在后面的访谈中也得到了印证。因为他们已经失去刚入学时的新鲜，又在接触社会时受到挫折，所以被动和抵触的行为就不断增加了。

2.母亲为聋的学生更容易出现抵触行为。首先，父母及其他家庭成员的交往大多都会影响到孩子对人际关系的认识。研究者普遍认为母亲与婴儿的交往质量将决定婴儿今后一生与其他人的交往水平。因为一般而言，母亲在家庭教育中承担了比父亲更为重要的角色，母亲与孩子的沟通也是最多的。母亲在与孩子的接触过程中，为其树立了榜样，成为孩子模仿的对象。其次，家庭中的交往不仅受到性别和个性特点的影响，还会受到文化因素的影响。

所以当母亲为聋时,她所特有的沟通方式会向孩子传递更多的与聋人相关的文化和习惯,这无形中就成为他们与健听人交往的障碍,从而比母亲为健听的听障学生表现出更多的抵触性行为。

3.多子女家庭的学生较多表现出主动的交往行为。这可能和其家庭结构有关系,多子女的家庭中其他子女大多听力情况良好。这为听障学生和健听人的交流提供了基础,尤其是手足关系不同于亲子关系,这中间经常夹杂着喜欢、敌意和竞争。这为听障学生学会与健听人的人际交往行为提供了一条重要的途径。可见,与兄弟姊妹之间的相处很重要,因为它会对个人以后的同伴、恋人等关系产生不同的影响[1]

4.有随班就读经历的学生更容易出现抵触行为。这与前面谈到的接触容易产生积极评价和正面情绪正好相反。这说明本研究中被调查的听障学生之前随班就读的经历大多都是不愉快的,这在后面的访谈中也得到了证明:大多随班就读的听障学生,尤其是男生,更容易受到正常同伴的排斥和欺负,更少获得帮助和支持。所以他们会表现出抵触的行为。这说明不同的安置形式会对听障学生与健听人的人际关系造成影响,也说明早年的安置经历也会对听障学生带来影响。

5.使用手语的学生比使用口语和书面语的学生更容易产生抵触行为,口手并用的学生也比使用书面语的学生更容易产生抵触行为。这还是说明手语使用的局限性,导致使用手语的学生在人际交往中遇到的障碍较多。

6.在交友意愿上选择和聋人交往的学生比其他两种选择的学生更容易出现抵触和被动的行为模式。这说明交友的意愿直接会影响个人在实际交往过程中的行为。

7.能够获得越多健听朋友支持的学生越容易出现主动的行为模式,这说明健听朋友支持有利于促进良好的人际关系,从而使个体更加主动,从而形成一个良性循环。

8.在近三个月的相处频率上也得出了和上述相同的结论,说明相处能够促进听障学生表现出主动的行为。而这和前面有随班就读经历的学生更容易出现抵触行为看起来似乎是矛盾,之所以出现这样的情况,研究者猜想可能是

---

① R.A.巴伦,D.伯恩. 社会心理学(第十版下册)[M]. 上海:华东师范大学出版社,2004:388

和听障学生当时所处的环境和年龄有很大的关系。因为随班就读经历基本都是发生在小学,那个时候听障学生所处的环境并不是非常包容,老师和同学都缺乏融合的意识,再加上听障学生自身年龄较小也不懂得如何去应对这些问题。而随着年龄的增长,首先听障学生意识到与健听人交往的意义所在,这在一定程度上可以增加他们的主动性;其次,此时的他们也更懂得调节自己的心理和情绪,能够相对客观地看待这个问题;再者进入大学后他们处于一个融合的校园,这种环境也就更有利于他们表现出主动的交往行为了。因为一般来说,我们对他人的初始反应大多都是中性的,或是一点点的消极或积极。所以重复接触通常是会有利于提升积极的感觉和建立友好的关系。

第五节 听障大学生与健听人人际关系的认知评价、情绪能力和行为方式之间的预测分析

一、认知对情绪的预测作用

(一)以消极的情绪体验为因变量,进行回归分析

从表 5.50 中可见,"对交往困难的积极评价(P=0.002)"对消极情绪体验产生负向作用,即积极评价抑制消极的情绪体验;"对健听人的消极认识(P=0.001)"和"对交往困难的消极评价(P=0.000)"都会对消极情绪体验产生正向预测,也就是说这两个维度都能促使个体更多的体验到消极情绪。

表5.50 认知对消极情绪体验的回归分析

	非标准化回归系数		标准化回归系数	t
	B	SE	$Beta$	
常量	2.037	0.281		8.204
对健听人的积极评价	0.023	0.067	0.019	0.349
对与健听人交往意义的认识	0.009	0.066	0.008	0.132
对交往困难的积极评价	−0.216	0.071	−0.177	−3.0521**
对健听人的消极评价	0.196	0.057	0.174	3.431***
对交往困难的消极评价	0.184	0.040	0.233	4.598***
R=0.388 R^2=0.151 F=14.835***				

(二)以积极的情绪体验为因变量,进行回归分析

从表5.51中可以看出,"对健听人的积极评价(P=0.000)""对健听人的消极评价(P=0.036)"和"对交往困难的消极评价(P=0.025)"都会对积极情绪体验产生正向预测,即是说这三个维度都会促进个体产生积极的情绪体验。

表5.51　认知对积极情绪体验的回归分析

	非标准化回归系数		标准化回归系数	t
	B	SE	$Beta$	
常量	0.542	0.272		1.996
对健听人的积极评价	0.474	0.065	0.370	7.294***
对与健听人交往意义的认识	0.115	0.064	0.105	1.815
对交往困难的积极评价	0.068	0.068	0.054	0.998
对健听人的消极评价	0.116	0.055	0.100	2.104*
对交往困难的消极评价	0.0876	0.039	0.108	2.249*
R=0.496　R^2=0.246　F=27.343***				

(三)以消极情绪表达为因变量,进行回归分析

从5.52表中可见,"对健听人的消极评价(P=0.001)"和"对交往困难的消极评价(P=0.033)"对消极情绪表达有显著的正向预测作用,说明这两个维度会使听障学生与健听人交往时会抑制自己的积极情绪而表现出消极的情绪。

表5.52　认知对消极情绪表达的回归分析

	非标准化回归系数		标准化回归系数	t
	B	SE	$Beta$	
常量	1.731	0.325		5.320
对健听人的积极评价	0.087	0.078	0.063	1.112
对与健听人交往意义的认识	−0.051	0.076	−0.043	−0.668
对交往困难的积极评价	0.011	0.082	0.008	0.136
对健听人的消极评价	0.222	0.066	0.179	3.366***
对交往困难的消极评价	0.099	0.046	0.114	2.140*
R=0.258　R^2=0.067　F=5.967***				

（四）以积极的情绪表达为因变量，进行回归分析

从表5.53中可见，"对健听人的积极评价""对与健听人交往意义的认识""对交往困难的积极评价"和"对健听人的消极评价"对积极情绪的表达产生正向预测作用，即是说这四个维度都会促使个体在人际交往中表达积极的情绪。

表5.53　认知对积极情绪表达的回归分析

	Unstandardized Coefficients		Standardized Coefficients	t
	B	SE	Beta	
（Constant）	1.118	0.230		4.863
对健听人的积极评价	0.290	0.055	0.264	5.270***
对与健听人交往意义的认识	0.117	0.054	0.124	2.168**
对交往困难的积极评价	0.243	0.058	0.226	4.201***
对健听人的消极评价	0.094	0.047	0.095	2.014*
对交往困难的消极评价	−0.046	0.033	−0.066	−1.407

$R=0.517$　$R^2=0.267$　$F=30.503^{***}$

二、情绪对行为的预测作用

（一）以主动性交往模式为因变量，进行回归分析

从表5.54中可见，"消极的情绪体验（$P=0.000$）"对主动性交往模式有显著的负向预测，说明它会抑制主动交往行为；"积极的情绪体验（$P=0.000$）""消极的情绪表达（$P=0.009$）""积极的情绪表达（$P=0.000$）"对主动性交往模式有显著的正向预测作用，说明它们会促使听障学生产生主动的行为。其中特别需要注意的是消极的情绪表达会产生正向的预测作用，研究者认为：适当的消极情绪表达是有利于沟通的，它可以让健听人听障人群交往时能够及时了解他们的情绪，使沟通的效率得到提高。

表5.54 情绪对主动性交往模式的回归分析

	非标准化回归系数		标准化回归系数	t
	B	SE	$Beta$	
常量	1.309	0.189		6.912
消极的情绪体验	−0.151	0.039	−0.165	−3.845***
积极的情绪体验	0.217	0.038	0.243	5.677***
消极的情绪表达	0.094	0.036	0.114	2.640**
积极的情绪表达	0.446	0.044	0.430	10.168***
R=0.602 R^2=0.362 F=59.452***				

(二)以被动性交往模式为因变量,进行回归分析

从表5.55中可见,"消极的情绪体验(P=0.000)"和"消极的情绪表达(P=0.000)"对被动的交往模式有显著的正向预测作用,说明它们会促使个体在交往时产生被动的交往行为。

表5.55 情绪对被动性交往模式的回归分析

	非标准化回归系数		标准化回归系数	t
	B	SE	$Beta$	
常量	1.270	0.199		6.385
消极的情绪体验	0.217	0.041	0.249	5.264***
积极的情绪体验	0.003	0.040	0.004	0.086
消极的情绪表达	0.251	0.038	0.319	6.694***
积极的情绪表达	−0.029	0.046	−0.029	−0.629
R=0.473 R^2=0.223 F=30.148***				

(三)以抵触模式为因变量,进行回归分析

从表中可见,"消极的情绪体验(P=0.000)"和"消极的情绪表达(P=0.000)"对抵触的行为模式有显著的正向预测作用,说明它们会让听障学生产生抵触的行为；而"积极的情绪表达（$P=0.000$）"则会抑制抵触行为的产生。

表5.56　情绪对抵触模式的回归分析

	非标准化回归系数		标准化回归系数	t
	B	SE	$Beta$	
常量	1.654	0.189		8.769
消极的情绪体验	0.362	0.039	0.415	9.279***
积极的情绪体验	−0.012	0.038	−0.014	−0.320
消极的情绪表达	0.164	0.036	0.208	4.616***
积极的情绪表达	−0.172	0.044	−0.173	−3.928***

$R=0.553$　$R^2=0.305$　$F=46.051$***

三、行为对认知的预测作用

（一）以对健听人的积极评价为因变量，进行回归分析

从表5.57中可见，"主动性交往模式（（$P=0.000$））"是有利于个体对健听人产生积极的评价。

表5.57　行为对健听人的积极评价的回归分析

	非标准化回归系数		标准化回归系数	t
	B	SE	Beta	
常量	2.409	0.198		12.163
主动性交往模式	0.320	0.042	0.365	7.684***
被动性交往模式	−0.063	0.050	−0.068	−1.250
抵触模式	0.028	0.051	0.030	0.535

$R=0.360$　$R^2=0.130$　$F=20.866$***

（二）以对与健听人交往意义的认识为因变量，进行回归分析

从表5.58中可见，"主动的交往行为（$P=0.000$））"有利于个体对交往意义产生积极认识；同时，"抵触的行为（$p=0.006$）"则会抑制这种积极的认

识。换言之,抵触行为的听障大学生对与健听人交往意义的认识也是比较消极的。

表5.58　行为对与健听人交往意义的认识回归分析

	非标准化回归系数		标准化回归系数	t
	B	SE	$Beta$	
常量	2.917	0.216		13.492
主动性交往模式	0.423	0.045	0.414	9.319***
被动性交往模式	−0.105	0.055	−0.098	−1.910
抵触模式	−0.155	0.056	−0.145	−2.762**

$R=0.489$　$R^2=0.239$　$F=44.049^{***}$

(三)以对交往困难的积极评价为因变量,进行回归分析

从表5.59中可见,"主动性交往模式($P=0.000$)"有利于个体对交往困难产生积极的评价;同时,"抵触模式($p=0.002$)"则会抑制这种积极的评价。

表5.59　行为对交往困难积极评价的回归分析

	非标准化回归系数		标准化回归系数	t
	B	SE	$Beta$	
常量	2.685	0.184		14.630
主动性交往模式	0.420	0.039	0.469	10.896***
被动性交往模式	−0.039	0.047	−0.041	−0.831
抵触模式	−0.149	0.048	−0.159	−3.134**

$R=0.534$　$R^2=0.285$　$F=55.749^{***}$

(四)以对健听人的消极评价为因变量,进行回归分析

从上表5.60中可见,"被动性交往模式($p=0.039$)和"抵触模式($p=0.000$)"对健听人的消极评价都起到正向作用,即都会促进听障大学生对健听人产生消极的评价。

表5.60　行为对健听人消极评价的回归分析

	非标准化回归系数		标准化回归系数	t
	B	SE	$Beta$	
常量	1.671	0.224		7.453
主动性交往模式	0.081	0.047	0.083	1.713
被动性交往模式	0.118	0.057	0.116	2.070*
抵触模式	0.228	0.058	0.224	3.906***
$R=0.302$　$R^2=0.091$　$F=14.000***$				

（五）以对交往困难的消极评价为因变量，进行回归分析

从表5.61中可见，"抵触模式（$p=0.000$）"对交往困难的消极评价起到正向作用，即是说抵触模式会促进个体对交往困难产生消极的评价。

表5.61　行为对交往困难的消极评价回归分析

	Unstandardized Coefficients		Standardized Coefficients	t
	B	SE	$Beta$	
常量	1.265	0.313		4.042
主动性交往模式	0.010	0.066	0.007	0.147
被动性交往模式	0.153	0.080	0.105	1.916
抵触模式	0.442	0.081	0.304	5.442***
$R=0.369$　$R^2=0.136$　$F=22.118***$				

四、小结

（一）认知对情绪的预测

认知在情绪产生的过程中起着重要的决定作用，其作用在于评估刺激物是否符合个体的需要,从而产生肯定或否定的情绪。根据沙赫特的情绪认知理论观点:认知因素也参与了情绪过程,而情绪正是在对于一种生理唤起进行特殊的认知理解后产生的[①]。听障学生对与健听人交往的认知评价与情绪之间的关系如图5.1所示。根据心理学的研究结果,我们的认知是能够影响情绪和感受的,而我们的情绪很大程度上也会受到自己对事件认识的影响。对听障大学生而言,他们的认知和情绪之间的关系除了遵循一般规律以外,还体现出一些特点,具体如下:

1.总体而言,积极的认知会导致积极的情绪体验和情绪表达或抑制。如"对健听人的积极评价"会促进促进听障学生的积极情绪体验和积极情绪表达;"对与健听人交往意义的认识"和"对交往困难的积极评价"使个体倾向于表达积极的情绪;"对与健听人交往意义的认识"还能抑制个体对消极情绪的体验;"对健听人的消极评价"和"对健听人交往困难的消极评价"会促进个体在人际交往中更倾向于表达出消极情绪。这些都基本印证了以往心理学研究的成果,即认知对情绪的产生起着决定性的作用。

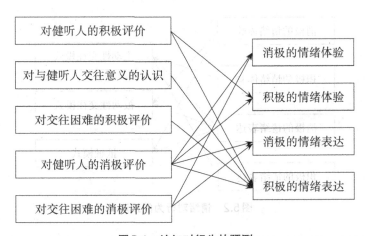

图5.1　认知对行为的预测

2.但矛盾的是,"对健听人的消极评价"和"对健听人交往困难的消极评价"还会促进个体产生积极的情绪体验,尤其是"对健听人的消极评价"对情绪

---

① Dennis Coon. 心理学导论——思想与行为的认识之路(第9版)[M]. 郑钢,等译. 北京:中国轻工业出版社,2004:490

能力的每一个维度都会产生促进作用。拉扎勒斯(Lazarus)的认知-评价理论认为,情绪是一种综合性反应,情绪的发展来自环境信息并依赖于短时的或持续的评价[①]。在这个过程中,个体需要不断地评价刺激事件与自身的关系,大致经过初评价和再评价两个过程。尤其是当以往(消极的)认知经验和(积极的)现状相矛盾时,个体的评价过程将会更加复杂,而个体也将通过这个评价过程来不断的调节自己的情绪以适应现状。所以研究者认为本研究中所出现的矛盾情况,可能就是在一种特定的情况下发生的情绪过程。它使听障学生能够更好地去适应人际关系。至于这种消极的认识要达到什么样的程度才会出现这样的结果,有待后续研究来解决。

(二)情绪对行为的预测

听障学生对与健听人交往的认知评价与行为之间的关系如图5.2所示,具体情况如下:

1."积极的情绪表达"有助于促进个体的主动性交往模式和抑制抵触模式。

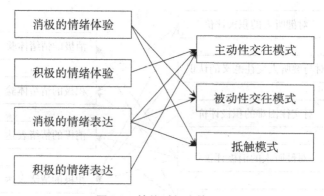

图5.2 情绪对行为的预测

2."消极的情绪体验"能够抑制主动性交往模式,同时促进被动性交往模式和抵触模式产生。

3."积极的情绪体验"则有助于促进主动性交往模式;"消极的情绪表达"对三种行为模式都能起到促进作用。其中对于消极情绪的表达能够促进三种

---

① 李超平,徐世勇. 管理与组织研究常用的 60 个理论[M]. 北京:北京大学出版社,2019:30-31

行为模式的产生,这是一个比较让人困惑的问题。研究者认为之所以出现这种情绪,有以下几个原因:第一,在人际关系中合理的情绪表达是非常必要的,因为这可以让他人了解自己的情绪从而有助于沟通,同时也有利于个体的心理健康。这在一定程度上解释了主动性交往模式出现的原因;第二,但是这种消极情绪表达的程度和方式又会对人际关系产生不同的影响。如果个体表达的方式过于激烈和直接,例如我们发现听障学生在生气的时候会表现得比较激动(摔东西等),这就会使人际关系受到影响,使健听人不敢接近他们。如此下去进入一个恶性循环,听障学生在人际关系中也就开始变得被动甚至抵触了。此外消极情绪表达的方式和程度除了和个人的性格有关,也是伴随听力损失而来的结果。因为人际沟通主要是靠语言,对于没有语言的听障人群来说,即便有手语和表情,但是有时候也不能完全表现其情绪。所以他们有时候出现激烈的情绪表达方式也就可以理解了。当然,可以理解并不是说就可以任其发展,这必须通过我们的教育使之学会使用正确的方式来传递和表达情绪,以便与健听人之间形成良好的人际关系。

(三)行为对认知的预测

行为作为认知和情绪的外在表现,它既能够反映认知和行为,也会在一定程度上影响前者。在本研究中,听障大学生交往行为对认知的预测作用如图5.3所示:

1.主动性交往模式为能够促进听障大学生产生"对健听人的积极评价""对与健听人交往意义的认识"以及"对交往困难的积极评价"。所以如果听障大学生在人际关系中能更多地表现出主动性,将有利于帮助他们产生积极的认识。

2.被动性交往模式则会导致听障大学生"对健听人的消极认识"。

3.抵触模式会抑制个体"对交往困难的积极评价",同时促进个体产生"对健听人的消极评价"和"对交往困难的消极评价"。这说明在人际关系中如果越退缩,就越容易产生消极的认知,进而影响人际关系的质量。

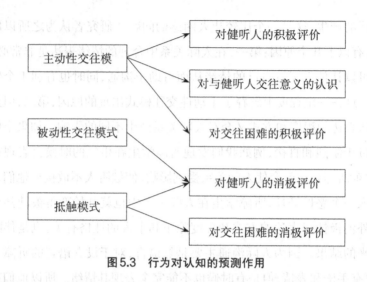

图 5.3　行为对认知的预测作用

第六节　融合教育背景下听障大学生与健听人人际关系的访谈分析

融合教育在中国的发展已经有三十多年的历史,而关于"融合"的朴素思想很早的时候就已经在中国历史上萌芽了。本研究通过对六名听力障碍大学生的访谈,了解到了他们对于融合教育的态度和看法,回顾了他们自身的融合经历,以及他们对于融合教育的期望和改进措施。在这个访谈的过程中,研究者看到了一个与过去认识完全不同的世界,也了解到了很多听障者内心的真实想法。这既是一个访谈,更是一个倾诉,被访者所讲的一切经历正是对我国这三十多年来融合教育发展的反映。这些听障大学生作为整个听障人群中受教育程度相对较高的群体,他们对融合的看法并不乐观,认为有很多现实的困难亟须解决。听障大学生作为听障人群中的精英代表,有着相对较好的支持和环境,尚且有如此之多的困难和顾虑。那么那些一直挣扎在社会最底层,没有文化或者处境恶劣的听障人群需要面对的是更多的挫折和失望。

融合教育在整个世界范围内已经不是一个新鲜事物了,它从理论到实践已有多年的历史了。但是与国外融合教育的发源不同的是,我国融合教育(准确地说是随班就读)是一种为了提高入学率而实行的一场自上而下的教育改革。也正是这种自上而下的政策过程,使得整个融合教育的执行效果还不尽如人意,这在之前的研究中也已经得到了证明。所以在本研究中,研究者想通过听障学生的自述,了解他们的融合经历和态度,从融合教育的亲历者视角呈现一个更为真实的世界,让健听人能够更加了解融合教育处境中的听障人群心理和感受。

一、融合教育背景下听障大学生与健听人人际关系的访谈结果

(一)你认为有必要结交健听朋友吗?

1.能够认识到与健听人交朋友的意义

对于和健听人的交往,被访者大多都表示有必要和健听人结交朋友,特别是在自己想要帮助的时候这种必要性更加突出。小刚觉得是非常有必要:"我挺有体会的,比如说每次上医院我都特别紧张,没有陪诊人肯定不行,因为挂号交费都隔着高高的柜台。坐在医生面前如果没人陪同翻译一会儿就是一身汗,脸都紧张得发红,好一点的医生还能用笔给你写一写,大部分医生都是知道你有听力障碍后提高说话的声音,其实我一点都不喜欢他们提高嗓门说话,因为我戴着助听器,声音越大越听不清。不过来上大学以后,我生病的时候就会请健听同学陪我一起去,这样省事多了。但是我们之间的关系也仅限于此,可以互相帮忙,却不能走进彼此的心里。"小婷也说道:"我们迟早还是得进入主流社会的。和健听人交朋友,我可以学到他们为人处世的方法,至少可以让我少碰点钉子吧!"

2.有必要但并不代表必须

小华的回答则表现了更多听障大学生的心理:"必要肯定是有的,毕竟我们是生活在一个健听人做主的世界里。但是我觉得必要性并不代表必须,也就是说即便我心里觉得必要,但这仅仅是在心理上的,很多时候我可能不会特别主动地去表现出来或者刻意地去迎合。"为此小涛还特意解释道:"其实和健听人一起说话的时候,不仅他们会不耐烦,我们也会觉得不耐烦,而且会觉得他们在议论我们。聋人和健听人初交朋友很容易,但保持友谊却很难,有的时候小事容易破坏友情。随着频繁的接触,随着语言不断的'碰壁',两者之间的友谊也就慢慢地淡漠了。那么是谁的错呢?我认为没有对错之分,毕竟两者之间没有共同的语言,没有共同的心声。既然不是同一个世界的人,干嘛瞎掺和?"

对与健听人交朋友的态度,实质上反映了不同学生对健听人的态度和自身的价值观。认为有必要的听障学生大多在人际关系中具有较强的动机,也试图通过与健听人的人际关系来满足自身从情感到发展的需要。但同时听障学生也认为,有必要并不代表必须,也就是说在理性上他们认可这种意义的存在价值,但是在感性上因为很多现实的困难,他们会对这种人际关系产生担心,甚至是回避。所以理性与感性的冲突,使得他们在人际关系中常常处于一种矛盾的状态。

(二)请谈谈你和健听人交往的经历,以及在这个过程中你的感受。

1.交往经历短暂,人际关系处于表面接触阶段

除家人和亲戚外,被访者都有过和健听人相处的经历。但一直在聋校读书的学生表示这种经历比较短暂,而且基本都是以学校组织的形式参加,以同伴关系为主。对于这种融合活动,小燕如此说道:"高中阶段,学校安排我们去图书馆做义工,比如整理下书,打扫下卫生等等。我觉得这样挺不错的,一来可以出去玩玩,免得天天待在学校无聊;二来可以多和健听人接触,而且是为他们提供帮助。这对于我们来说是一件很不一样的事情。但这样的机会对于我们来说并不多,而且这样集体的活动效果不错,但是如果是个人出去的话,就很难得到这种效果了,反而容易招来别人奇怪的目光。"小刚则认为:"在聋校读书的时候也有些融合活动,比如大学生志愿者或者一些普通中学团员会来聋校开展一些活动,好几年都是这个样子。"大学也会为他们提供一些与健听人交流的活动,对此小涛认为:"有时候也参加一些志愿者活动,比如我们学校的'太阳花'志愿者活动,到社区去为孤寡老人服务。但是去了一两次就不去了。因为那些老人也不会手语,我们也不能和他们交流,只能打扫下卫生,没多大意思。"

2.友谊的形成和维持困难

而小华的回答则更能体现出一个从封闭聋校进入融合大学的听障学生所经历的心理过程:"在读大学以前都不想和健听人交流,来到我们学校以后还稍微好点了。毕竟学校给我们创造了这样一个环境。大一时候特别喜欢交新朋友,大二稳定些了不再结交新朋友了,大三的时候好多健听朋友都实习毕业了,自己也很难再接受健听朋友了,觉得没意思。除了教手语和回答他们各种好奇的问题外没什么共同话题。所以包括那些口语还不错的聋生,他们都不

太愿意和健听人交流。"小婷也说道："军训的时候学校会让手翻陪同,帮助我们和教官交流。学校的手语艺术团也会请我们去教手语。但是去参加的永远是那几个学生干部或者是学习成绩比较好的同学,大多数人并不会主动去参加的。因为没啥意思吧,也不感兴趣!"小华和他们的看法非常类似："学校搞的聋健活动基本就是都是联欢会、运动会这样的形式,还有一些大课比如大一的时候和健听学生一起上过军事理论、政策形势课等等。还有就是在实习的时候,学校会派手翻专业的学生陪同我们一起去单位实习。除此之外,进行聋健交流基本就是看个人兴趣了,有些性格外向的人会主动找健听学生交流,但更多的是健听学生来找我们学手语。"

如前文调查所述,听障学生与健听人的关系中以同伴关系为主(占到被调查人数的40.3%),这与访谈的结果一致,即在他们的访谈中大多谈论的也是同伴关系。除此以外,被访者还谈到了亲子关系。小勇说道："我的父母不太会手语,我平时和父母亲交流都是笔谈的,写得我手酸。我最大的心愿是能用口语与健听人说话,那该多好啊!"小华："他们(父母)一般不会和我说话的,所以一天到晚说不上几句话。也避免了麻烦,不过这样也造成了我的无知。到现在他们说我好像是个小孩似的,什么都不懂!"由于大多数听障学生的家长都是健听人,他们中很多人都不会手语,所以他们与听障孩子之间的交流也并不多。大多数听障学生的父母极少有耐心用手语与他们的听障孩子尽情地聊天,都是极短简单地说几句:比如问吃饭了吗,去外面有什么事等等。简短而事务性的交流,使得家长很难与听障孩子进行深入的交流,自然也就不容易知道孩子心里在想什么。正如Mitchell和Karchmer的假设:如果95%的听障儿童的父母都是健听人的话,那么沟通问题将会变得非常尖锐[①]。这种尖锐的沟通问题,直接会影响到的就是亲子关系的深入程度。

(三)你觉得现在的学校是否为你和健听人的交往提供了支持?这种支持有效吗?

1.有支持,但支持不充足,难以满足个体需要

小华谈道："我觉得有一些支持,但是效果不怎么样。因为一直在聋校,所

---

① Mitchell R E, Karchmer MA .Chasing the Mythical Ten Percent:Parental Hearing Status of Deaf and Hard of Hearing Students in the United States[J]. Sign Language Studies,2004,4(2):138-163.

以也没有特别多的健听朋友。上大学后虽然学校有一些聋健互动的活动,但是我觉得学校整体还是以为健听人服务为主的,虽然我们学校堪称全国拥有残疾学生人数最多的学校。比如说有时候想去听讲座,要么就是没有配手翻;要么就是人太多无法抢到前面的座位,导致看不清手翻或者字幕。这样时间长了以后也就没兴趣再去听了。"对于听障学生而言,视觉支持的重要性不言而喻。而学校的无障碍支持环境更是听障学生融合教育的关键所在。

小燕说:"到了大学以后,发现虽然是和健听人同校,从封闭性上来讲是要比原来的初中、高中好了很多。但是进来时间长了才发现,这里面也还是个半封闭的聋人小环境。就拿老师来说吧,我们以前聋校的老师基本都会手语。但是到这边以后很多上课的老师都不会手语,大一的时候老师还请手语翻译,到后来上课干脆自己说自己的,我们玩我们的,只要我们按时交了作业就不管我们了。学校会手语的老师太少了。我们有三个辅导员,只有一个会手语,其他两个都不太会。所以如果要说和健听老师的人际关系的话,我觉得也就是那几个学生干部和积极主动的学生会和老师走得比较近,而大多数人都是各顾各的。"想了下,她又补充道:"不过我们和R老师的关系都挺好,因为她也是个聋人,她在上课和开会的时候会和我们讲些如何和健听人相处等问题。但是我们这么大个学校,就只有R老师一个聋人老师。"师生关系不同于同伴关系,尤其在这种聋健师生关系中,教师不仅是引导者,也是支持者。所以如果仅凭教师的个人意愿来决定是否与听障学生沟通是绝对不够的,因为这种沟通也是教师工作的一部分,这不仅是"应该"的问题,而是"必须"的问题。

(四)如果给你一次选择的机会,你愿意去普校还是聋校读书?

之所以提出这个问题,是因为对于大多数听障学生来说都是没有机会选择自己想要的安置形式的。所以研究者想通过这种假设,了解他们对于融合的一种理想状态。在他们的谈论中,研究者能够清晰地感受到他们对于普通教育和特殊教育两种安置形式间的矛盾心理。虽然能够比较客观理智地分析普校和特校的优缺点,但是在情感上更多人愿意选择特校。

1.认识到普通教育的优点

(1)提升知识和社会适应能力

说到这个问题的时候,被访谈的六个听障学生都能够比较准确地分析出聋校和普校的优劣势。他们一致认为如果在普通学校学习的话,在文化素质方面会比一直在聋校学习的学生好很多,尤其是书面语言的表达能力。如小华说道:"虽然我没有在普通学校学习过,但是就现在大学里面有时候和他们健听学生一起上课的时候,我都明显地感觉到我们的理解能力不如健听学生。所以我想能够在普通学校读书的聋生,在这些方面应该会比我们强一些。而且以前也听他们在普校的聋生说过,他们学的东西比我们学的难多了。不过这样对于今后适应社会应该是有好处的,像我们现在马上面临找工作的时候,就觉得在学历层次和专业上都不能和那些在普通大学读书的聋生相比。"

(2)改善与健听人的人际关系

小婷谈到了融合的好处,也是一直让她感到特别欣慰的一点:"我听力不好以后,在普通学校也常常受到别人的歧视。尤其我们班当时有个女生,是我同桌,总是喜欢欺负我。后来有一天我终于爆发了,大声向老师哭诉。没想到听到我的哭诉后,她也哭起来了,主动跑来和我道歉。后来还和我成了好朋友,我有事情都会帮我。她说因为那天看到我哭了以后,她就想到如果是她自己变成这样了会怎么样,所以后来就改变了对我的态度。而且现在她也考上了一个很好的师范大学,以后要做一名幼儿园老师。对于这件事情我一直觉得特别自豪,至少我改变了身边的人对残疾人的看法,让他们懂得尊重我了。哪怕只是一个人,也让我觉得很满足。"这就是融合教育的意义所在,它可以让同伴在相处的过程中学会尊重和平等,甚至还可能在这种潜移默化中逐渐改变自己的价值观。这让笔者想起了影片《小绳子》中的玛利亚,通过和脑瘫男孩的短暂相处确定了自己今后人生的职业方向。所以,融合才是改善彼此态度、实现真正平等的有效途径。

2.恐惧普通教育中对残疾人的排斥和歧视

但是他们也非常害怕和担心在普通学校会受到排斥和歧视。所以对于他们来说,融合是一个非常矛盾的希望。这对有过随班就读经历的小勇和小婷来说,尤其深有体会。小勇认为:"以我自己的经历来看,我觉得融合好难实现啊!尤其是对于男生来说,在普通学校比较容易被人欺负,打架是常有的事情。但是如果是女生,尤其是比较听话、乖巧的女生的话,可能在普通学校学习就会好很多,而且也常常能够得到别人的帮助,更容易与健听人建立起良好的人际关系。"停下来思考了一下,他又继续说道:"我以前读书那会儿,我所在的班级每换一次老师,我的家长就要不断的、重复地去告诉他们我有什么障碍,需要什么帮助,比如说考试安排,上课座位等等的。这种看似在满足我特殊需求的帮助,实际上正在把我边缘化。但是有时候说多了,过分强调自己的残疾,又让人觉得我好像在找借口。哎,我不明白既然学校接受残疾学生随班就读,为什么又没有做好准备工作呢? 所以我宁可选择现在这种形式,因为这是一个群体,所以无论上课还是住宿,我们不需要额外地再去告诉别人,基本上学校就能按照我们的需求来安排。我们来到这个学校上学,至少在一开始学校里的工作人员、老师就知道我们是听障,或者说他们早就习以为常了。所以在这里至少我可以少面对些异样、惊奇的眼神。或者换句话说,我们国家目前的条件就无法做到真正的随班就读。你看我们学校这不是有个公交车站吗? 我觉得每次要在这个站下车或者上车的时候,别人都会用异样的眼神看着我,尤其是当我和同伴打手语的时候。好像'特教学院'在他们眼中就是一群聋人在的地方。"总是让学生频繁地向不同的老师和同学解释他们的问题或需求,是一件让人很烦恼的事情。也正是在这样一种文化状态下,使得残疾人很多时候不敢对外宣称自己有残疾,只能试图通过自我调节来处理问题或获得成功。

但是即便是现在进入了融合性的大学,融合难以实现的问题还是困扰着他们。小涛刚入学那会儿曾经和三个健听学生分到一个宿舍。这对于一直在聋校学习的他来说,是一个非常大的困难:"我之前就跟健听人住一个宿舍,我觉得实在是太难了,问题特别多,而且非常容易产生误会和矛盾。有时我由于听不到声响常会弄出一堆杂乱的声音,比如大力踢门,晚上看电影不知道音量吵醒打扰到健听人的作息了,他们就有点不友善,但又不跟我说清楚。所以我常常会一头雾水地认为是健听人在歧视我。而更多的时候我是看见他们三个人有说有笑的,我很想插进去,却不知道他们在说什么? 非常孤独! 所以后来还是向学校申请换宿舍了。"

为此小燕还向研究者说起了她的一个"白日梦":"如果听力不好的人能够聚在一起生活该多好啊! 就像是如果有一座聋人小岛或一个聋人社区的话,

我们的生活会不会不一样呢？因为这样，就算大家说话声音都很大，也不会有人觉得你烦。彼此之间都能互相理解，互相体谅，那这样的话烦恼也少了，开心也多了……"回忆起在一家医院治疗听力问题的经历，小燕还说道："我当时住的那家医院，住院的都是听力有问题的人，我的听力问题在其中不算严重的，相对还比较轻。第一次看到这么多听力不好的在一起，真开心，因为没有自卑感了。但是如果又重新回到健听人的生活圈中，我的自卑感又回来了，有不能跨越的心理障碍。"对理想生活的向往和对现实的无奈使小燕说话的语气中夹杂着淡淡的失望。

3.根据客观现实和自身情况对安置形式作出选择

（1）根据客观现实对安置形式作出选择

客观现实包括听障大学生自身的听力损失情况、普校和特校的优劣等等。听力损失程度的不同使听障学生在面对普校和聋校的选择时出现了分化。对于听力损失极重度的小涛来说，他更愿意选择聋校："我已经完全听不到声音了，选择在聋校对我来说更适合一些。我觉得待在聋校的学生比在普校的聋生更快乐，可能这就是所谓的'知道得越少越简单和快乐'吧？只要不出聋人这个群体，我觉得自己还是快乐的，但是一旦走出去面对健听人的时候，事情就没有我想的那么简单了。"众所周知，聋校在很大程度上与各级残联、政府有着千丝万缕的关系，因此在读书、升学等方面比在普校读书的聋人要占优势。聋校的学生由于相对基数较大，与普校的聋生相比他们不仅可以占有更多的政府行政等公共资源，还更容易获得很大一部分的社会同情和关注。在这层保护伞下，聋校出身的学生相比于普校出身的聋生来说，除了就业面狭窄之外，但在一定程度上也规避了社会的激烈竞争。而小婷则后悔于转学到了聋校："如果能重新选择的话，我不会转学到聋校去的。毕竟在教育质量方面两种学校相差太多，而且像我这样到了初中才聋的，虽然在普通学校继续学习很困难，但是至少能保持语言不退化以及和健听人的人际关系。虽然在聋校学习上没有那么大的压力了，可这也就意味着今后的竞争力降低了。而且我们最终还是得回到健听人社会的。哎，特别是到了聋校以后，感觉自己两头都不是，手语得从头学起，在普校被排斥，到聋校了还是被排斥。所以还不如在普校的好。"由于支持不足而重回聋校的小婷,是融合教育中"回流"现象的代表。他们既不满足于现状又无法在普通教育中获得一席之地,这种尴尬而又矛盾的处境使得他们产生了深深的孤独感和无助感。

但是也有人在非常清楚普校和聋校的优劣之后,如小刚作出了这样一种假设:"我希望小学阶段在全国最好的聋校读书,目的是培养乐观的心态和与聋人交际的能力,更重要的是能够学会手语。等到初中、高中和大学的时候就选择在普校就读,目的是更好地掌握知识技能,利用良好的心态和灵活的交际手段不断认识健听人同学和老师,为将来在主流社会生活和竞争做好扎实的准备。同时凭借从小学阶段学来的手语和认识聋人同学的基础上,继续和小学聋人同学们来往,并不断认识他们的聋人朋友,接触聋人社会,避免因孤独感、过于敏感、过于自卑而对心理和性格产生的不良影响,使自己在健听人和聋人世界里游刃有余。"说完自己的畅想后,小刚笑了笑:"不过我也知道那是不可能的。怎么可能让我自己来选择呢? 即便我可以选择,现在的制度也不会随意的接纳啊!"想要在两种安置形式中找到平衡点的小刚,言语中透露着无奈,同时又满怀期望:对聋人群体归属感的渴求和在主流社会中的生存需要成为一直藏在这个群体内心深处的声音。

(2)根据自身意愿作出选择

但也有一直在聋校学习的人渴望选择到普校学习,如小燕说:"我觉得如果有条件的话还是应该选择普校,一来充实知识,二来扩大健听人交际范围,三来锻炼心理能力,四来培养口语交流能力。其实我当时的听力是可以进普通学校的,真是后悔当初非要和哥哥一起去聋校读书,而且当时老师也和我爸说进了聋校以后工作有保障,但现实却是……可惜现在知道已经晚了。"小华也认为应该按照自身的条件来选择合适的学校:"我觉得不能简单地说选择聋校或普校,必须从自身的条件来考虑。如果有听力的话,我觉得还是进普校比较好,毕竟以后我们还是要和健听人打交道的,那还不如趁早开始,对自己的学业和人际关系都是一件好事。但是如果听力没有了的话,还是进聋校好些,毕竟那里的教育更专业一点,也更倾向于职业技能的训练,至少为以后谋生做个准备吧! 如果让我选择的话,我想上有聋人班的普校。因为这样既可以和健听学生一样享受到最好的教育资源。又可以和有同样命运的同学同病相怜,互相安慰。"

从访谈来看,听障学生基本都能认识到聋校和普校的优缺点,但是对于融合的现实充满了渴望和恐惧的双重矛盾心理。很多人愿意选择普校学习的原因是出于对学业知识的看重,其实这种看重也反映出了他们对现实社会竞争的认识。然而不是每个人都有机会随班就读,他们或许是错过机会,或许是条件不允许,又或许是根本不知道有这种权利。而愿意选择聋校,则是从自己内心的归属感和安全感出发。所以不论是对聋校还是普校的选择,都是对现实的一种无奈。

(五)你觉得如何能够实现与健听人的良好交往?

1.希望被平等地对待和尊重

对此,小涛特别有感触:"我希望不要被怀疑。以前我们系和T系进行篮球比赛的时候,那个系怀疑我们中途换人了,为此两个系还大打出手。这件事情至今还在两个系里留有阴影。所以我们现在和那个系的学生关系都不好。"一说到公平的话题,每个被访者都有特别多的话要说。小燕说:"我就不明白,为什么什么东西一旦挂上残疾人的名,就让人有无限的同情和怜悯呢?即便是做同样的事,健听人做出来大家就会觉得很正常,但是如果我们做出来,大家就会觉得'太了不起了'。大家对残疾人取得的成绩总是很意外。为什么残疾人就不能取得和正常人一样或者更好的成绩呢?所以有的时候,我不知道健听人的赞美到底是同情还是真的觉得我不错?"

诚然,在现实社会里,残疾人总是被作为各种福利和慈善活动的目标,这使得他们无形中被主流社会所隔离和排斥。谈到被平等对待,小勇也是一肚子的窝火:"平等?我觉得首先能让我们在残疾人里面平等,再谈和健听人的平等吧!今年上半年坐某某地铁出示残疾人证还可以免费,但10月7日再想坐时出示残疾人证,工作人员却说听力和言语残疾人不能免费了。为此,工作人员还给我出示了文件:规定只有肢体残疾和盲人、智障人才能免费乘坐。真是搞不明白,这类残疾人出行很少的,免费也没多大作用,反而听力残疾人出行多却偏不免费。"《中华人民共和国残疾人保障法》规定:"县级以上人民政府对残疾人搭乘公共交通工具,应当根据实际情况给予便利和优惠。"但各地对于该政策的实施力度却各有不同,有的地区是根据残疾程度的不同实施阶梯式票价,如一、二级残疾人免费乘车,三、四级残疾人半价乘车;有的地区只针对部分残疾类型免费,如盲人、重度肢体残疾人免费乘车,其他残疾人半价乘车。作为听障人群来说,四肢健全、行动自如、认知水平正常这些优势使得他们与其他的残疾人相比,会让人觉得似乎他们所遇到的障碍和问题也会更少。但事实上,上述的这些优势在以听力作为主要沟通渠道的人际交往中,并不会为个体带来太多便利之处。因为在人际关系中,听说是主要的方式,而这也是听障人群的短板所在。相对于视觉障碍者而言,听觉障碍者在人际适应上更容易出现困难,社会关系也相对较孤立。但作为一个社会人来说,人际关系是不可缺少的;同理,对于听障人群来说,与健听人的人际关系同样也是不可缺少的。这种渴望被平等对待的心理不仅仅存在于残、健之间,还存在于不同残疾类型之间。对于听障人群来说,沟通方式的不顺畅在一定程度上成为了阻碍他们获得平等权利的障碍。

小婷:"自从听力不好以后我就不喜欢和同学讲话了,因为他们不理我。也许我的心里很矛盾吧,一方面我的耳朵不是完全听不见,所以很多时候我也想尽量不要打手语,尽量去听,但是却常常听不清楚人家在讲什么?想听听不清,想说别人却听不懂,以为我口齿不清,这种尴尬的处境常常会让我很受打击。所以时间长了,我也就不再想开口。这时人家就会觉得要么是我孤僻不理人,要么觉得我是傻子人家讲半天我都没反应。其实我只是不想主动暴露自己听力不好的情况,我不想被人叫作聋子。但是我发现这样很困难,所以后来有时候我会故意把头发撮起来,让他们看到我的助听器,但有的人只是说了几句'好可怜'就不再说什么,结果我依旧是一个人。什么时候大家看到戴助听器的人的感觉像看到戴眼镜的人的感觉,那就好了。"很多时候耳朵上挂着的助听器和眼眶外戴的眼镜架看上去并没有什么本质的区别,但对于当事人来说,却有着截然不同的感受。戴上眼镜能看到一个清晰的世界,也能扫除生活中的绝大多数障碍;而戴上助听器对听障人群生活所带来的改变远不如前者,障碍似乎依然存在。特别是当两者出现在大众面前时,会得到完全不同的反应。为什么会这样呢?无非就是因为戴眼镜的人多,戴助听器的人少。"多和少"的人数悬殊,导致了几乎完全不同的生活处境。特别是作为重听人,介于健听人与聋人之间,他们的地位和处境比全聋人更加为难,他们既想摆脱身上的标签,却又无法离开必须的支持。无法融入健听人或聋人的圈子,归属感较低都成为了重听人不可逃避的尴尬现实。

小刚:"我觉得只有聋人才能真正理解聋人,所以要实现平等,学校就应该再增加一些聋人老师。他们也是我们学习的榜样,从他们的经历中我们可以看到应该如何去和健听人沟通,需要做些什么样的努力? 这样可以让我们少走些弯路。"正如美国的加劳德特大学,当聋听双方在校园内发生争执时,胜诉的差不多都是聋方,因为校长和学校内一半的教职员工都是聋人。所以能保证听障人利益最好的办法就是在领导阶层中出现听障人士,这样他们的利益才能真正得到关心和落实。

2.协调沟通方式

(1)学习和规范手语

小华认为让健听人学习手语是聋健交流的必备条件:"我觉得要和健听人交流,首先他们得会手语啊!"在美国的加劳德特大学,全校的教职员工都要使用手语,健听人老师不能以"手语不行"为借口。手语没达到一定的水平就必须要补习或离职;这样就可以确保学生在课堂里听课的顺畅,这才是对无障碍环境的真正实现。而在我们的校园里,会手语的老师少之又少。虽然学校每年都在做手语培训,但这种培训往往流于形式,和预想的效果相差甚远。说到手语,小勇也谈到了另外一个问题:"因为我们是大一新生,大家都是从全国各地来的。所以刚到学校的时候有的同学打的手语我们都看不懂。我在想,连我们都看不懂,健听人能看懂吗?"小勇所说的的确是一个问题,因为现在健听人学手语的途径基本都是《中国手语》,虽然学了很多,但是和聋人交流起来还是很困难,很难看懂他们的自然手语,这也是造成交流不能深入的一个原因。说到聋生之间的手语打法不同,小燕回忆起自己的聋校经历说:"现在好多刚到聋校来的新老师都不会手语,我感觉他们的手语越打越简单了。以前的老教师打手语的时候都是把手语的动作打完整,除了用手,还用肢体动作,非常形象化。但是现在的老师只剩下手在动,有的甚至简单到就靠指指点点来和我们沟通。"手语就和我们的口语一样,有普通话和方言之分。对于手语的态度,我们既应该从多样性的角度出发保留地方手语,同时又应该从便于沟通的角度出发适当规范和发展手语。

(2)充分使用书面语等视觉提示

小婷作为其中一个随班就读时间较长的听障学生,她也说到了这个问题:"其实我的书面语言还是可以的,但自从听力不好以后我发现看电视成了一个大问题。我想看字幕吧,却发现现在很多电视台为了一己之利常常在屏幕下方做起了广告,还给广告配上了字幕。这样一来完全挡住了电视原来的字幕,即便没有广告有些电视加字幕的效果也是让我眼花缭乱的……有时候想看下新闻,结果发现新闻手语也看不懂。"小华也提到了同样的问题:"我的美术老师声音非常低沉,我常常听不到他在说什么?每次他和我说话我都想要他不断的重复。其实对于我来说,我觉得如果写的话比口头交流会好很多。"

聋人看不懂新闻手语,是一个值得我们健听人反思的问题。尽管我们一心想要打破障碍,却事与愿违。分析起来,出现这种现象,一方面是因为手语词汇没有我们的口头语或汉语丰富;但另一方面,更重要的是面对这种情况该如何解决?英语系的国家遇到打不出某个词汇时会用字母指语来表达,我们过去的一些老教师碰到这种问题时会用"空书"的方式来表达。但是现在一些手语翻译碰到这个问题时会采用唇语,这对于不会唇读的聋人或看不清的聋人来说,就是一个很大的问题。可见,打出让聋人和健听人都看得懂的手语是双方的共同要求。国外的听障学生从入小学开始,就会专门学习手语这门课程。而我国对听障学生几乎没有这方面的培训,这就使得他们的自然手语居然多;他们的手语习得路径一般是先获得一些家庭手势,继而跟其他聋人习得,最后大都在进入聋校后得到快速发展。由此可见,聋校的师生,都是个体手语学习的重要来源。所以如果老师的手语不规范,既会造成学生的手语混乱,又会妨碍师生沟通,甚至会影响到学生学习文化基础知识和阅读等内容。

3.彼此都能够相互了解

小华说:"个人认为最大的问题还是在于相互理解,并且要有耐心这两方面。比如说健听人习惯用耳朵交流,很少一边交流一边注视对方的脸,而这一点恰恰是聋人交流所必须的前提条件。只有面对面的交流,聋人才可能看到对方的口型和神态、表情,以便接上对方的话题。聋健交流时,经常出现这样的情况:正常人眼瞧着别处,嘴巴却在和聋人说话。而聋人发现健听人不看着自己,就没有作出反应。结果健听人就误以为聋人不想和他说话,交流就此中断。"小涛说:"一个人在聋人群里待久了想要了解健听人是怎么样的? 健听人应该也是这样的心理。但是像我们一直是从聋校过来的,对健听人的了解大多都是从亲戚、志愿者、老师那里知道的,非常有限。"小刚:"当你告诉别人你是听力障碍时他们就会大声向你吼叫,好像这样你就能够听到他们在说什么了。一直以来大家觉得聋就会很笨。"从听障学生的叙述中可以感受到他们对健听人世界的渴望:渴望去了解,渴望被了解。英国伦纳德·奇谢尔国际残疾人基金会进行的一项调查发现,将近1/3的被调查人员认为轮椅使用者"欠聪明";44%的舆论领袖认为使用轮椅者会成为被雇佣的障碍[①]。社会对待听障人群的刻板印象使人们常常自以为非常了解听障人群,这种假设使我们不会将他们当作个人来考察,而是当作一个群体去审视,出现偏差也就在所难免了。此外现代市场经济社会对以效率、竞争为代表的精英主义文化的追捧,也使人们总是更加关注残疾人的缺陷,对他们的能力产生怀疑,认为他们的能力有限且不相信他们能比正常人做得更好。所以在平等基础上的相互了解是非常有必要的。

二、融合教育背景下听障大学生与健听人的人际关系访谈研究结果的总结

访谈是对前面问卷调查结果的进一步了解和阐释,能够帮助研究者探寻现象背后的原因,使整个研究更加深刻。通过访谈,研究者不仅收集到了研究数据,还感受到了数据背后的情感。而正是这些情感,让文字变得更加有温度,也让我们的融合实践更加有据可依。

(一)能够认识到与健听人交往的意义,对健听人基本持接纳态度

被访者基本都能意识到与健听人交往对自己是有益的,可以提高自己的社会适应能力;同时也可以在一定程度上改变健听人对待听障人群的观念。可见,这种交往带来的意义是相互的。所以,对于与健听人的交往大多持接纳态度,这和前面认知问卷部分的调查结果一致。在前文基本情况"最愿意和谁成为朋友"的调查中,85.6%的听障学生表示两者都可以。这种接纳态度在访谈中也得到了印证。这些在校的听障大学生们没有极端的排斥心理,但也不

[①] 彭尼·塔索尼. 支持特殊需要:理解早期教育中的全纳理念[M]. 张凤,译. 南京:南京师范大学出版社,2009:9

会特别的主动。这可能是在大学校园中的听障大学生所独有的一种心态,因为随着年级的增长这种接纳的态度显现出了差异,即越到高年级就越不愿意与健听人交往了。研究者也向聋人老师了解过一些没考上大学直接去工厂工作的听障学生,发现他们就会表现出明显的排斥性。对此C老师也觉得无比的苦恼:"工厂的老板没办法和他们交流,叫我去给他们做工作好几次,他们还是觉得不愿意和那些健听人在一起工作。但如果全部是聋人的话,他们就能工作得很好。"Z老师也表现出同样的担忧:"这些孩子在我们学校的时候还好,没觉得特别的受歧视。但是毕业了进入社会后就会比较麻烦,比如说有个聋人老师工作多年就一直没办法拿到教师资格证,也就没办法转正。所以这个时候他们就会比较怨恨健听人社会了。"L老师有着相同的感受:"我大一教的学生等到大三再碰到的时候,他们说起健听人,就没有现在这么友好了。他们和我说'健听人表面上好像很欢迎他们的样子,但是私底下却是另外一个样子'。"

(二)多种因素制约人际关系的发展

融合的环境虽然为听障大学生与健听人的人际关系提供了有利的条件,但是在研究过程中研究者还是发现了这种关系想要继续深入却非常困难。之所以出现这种情况,根据访谈结果研究者有以下几点总结:

1.以集体活动形式出现的融合限制了交往的程度

苏联心理学维果茨基认为,要发展身心障碍的儿童,必须增加他们与成人和同伴互动的机会。如果身心障碍儿童无法体验到与成人或同伴积极互动的机会,在他们的"文化发展"上将造成从属或更严重的问题①。虽然融合环境为听障大学生提供了交往的机会,但在与健听人的深入交往上,大多数听障学生还是觉得非常困难。特别是对于学校组织的一些融合集体活动的看法,听障学生的回答中"没意思"是出现频率最高的一个词语。这引起了研究者深深的思考,为什么他们会觉得这些融合活动没意思呢? 研究者觉得可能有以下几个原因可以解释:第一,在进入大学以前,他们基本都是待在封闭式聋校中学习的。所以对于他们来说有融合活动的经历并不多,而且大多都是走马观花的展示性质。这种被动的融合经历,并没有给他们留下深刻的印象。研究

---

① 许碧勋. 幼儿融合教育[M]. 台北:五南图书出版社,2003:57

者猜想也许就是中学的这种融合经历和由此产生的看法,一直延续到了大学,使他们对大学的一些集体活动也缺乏参与性。很多集体活动他们都不愿意参加,感觉没有兴趣。第二,集体活动由于参与的人数多,活动的时间短,很难真正实现有效的交流。因此很多时候这些活动都是流于形式,难以深入,也就造成了很难和健听人深交的局面。第三,活动的内容基本都是教授手语、了解听障学生之类的。内容枯燥、单调,所以常常会让人感觉除了那些常规性的问题以外,和健听人之间没有什么可聊的。真正的生活不是天天都有联欢会和运动会,也不是天天都有手语社,而是日常的点点滴滴。不能从日常生活中发掘话题,没有共同的兴趣爱好,使得两类学生即便同校也很难同频。

2.沟通方式限制了交往的范围

首先,手语不通用。虽然融合的校园为听障大学生与健听人的人际交往提供了一个空间上的可能性,这也符合心理学上所认为的:空间上的接近是会影响人际吸引的。美国心理学家费斯丁格等人的研究也证明了这一点,即经常见面是友谊形成的一个重要因素。但是即便在这样一个融合的环境中,由于融合程度的深入性不足以及手语在整个校园的推广度不够,虽然学校把手语课作为必修课,但是对于大多数健听学生来说,学习手语只是为了完成学分,而不是为了实现交流。从语言学习的角度来看,一种语言如果长期不使用,是很容易被遗忘的。这就和健听学生学习手语是一样的,即便通过了考试,但是由于没有使用或很少使用,也就逐渐荒废了。在一个融合校园中尚且如此,学校以外的环境就可想而知了。从表面上看,沟通方式限制的是交往的范围;但从实质上看,沟通方式限制的却是思维方式和价值观。

其次,手语不规范。正如我们的普通话和地方方言一样,当听障大学生和健听学生所使用的手语存在一定差距的时候,沟通也变得更加困难了。这种差距导致双方在沟通和理解的时候会出现偏差。所以学生之间用手语做简单的沟通还可以,但是涉及到复杂的问题就很困难了,即便是该校手语翻译专业的学生也存在这个问题。所以这也在一定程度上限制了双方交往的深度。

3.平等和尊重的缺乏影响了交往的基础

在强调精英主义的现代社会里不平等随处可见,只是在作为弱势群体的残疾人身上体现得更为明显而已。所以平等是人类社会一直追寻的目标,也是各种改革的动力所在。要想真正改善健听人与听障人的人际关系,平等和尊重是必备的基础。对于大多数残疾人来说,他们需要的是尊重而不是同情。特别是对于那些能够接受高等教育的残疾人来说,和普通人相比他缺少的不是能力,而是平等的机会和相关的支持。世界上还有很多国家和文化仍然把残疾看作是一个让家庭或个人蒙羞的问题,在这种情况下,想让残疾人和他们的家庭自在地谈论残疾或了解他们应有的权利是非常困难的。这种文化的障碍在医疗模式和道德模式观念的学生身上表现得最为突出。所以融合虽然是一个美好的理想,但是在目前的国情下实施起来却是困难重重。尽管听障大学生大多都能意识到在普通学校学习会给他们的生活带来改变,但是这也要求他们要有足够强大的心理承受能力去面对普通学校所带来的学习压力、人际压力和内心由于听力问题带来的自卑感。所以主流社会是一个他们害怕却又不得不面对的环境,尽管在理性上他们深知融合的利弊,但是在感性和实践上他们却要面对来自于自身和外界的各种困难和障碍。理想与现实的冲突一直交织在他们的生活之中,无法回避却又不知道该如何更好的面对?

从大多数的研究资料来看,目前残疾人所能获得的支持已经比过去好了很多。比如在高校中很多国家都会有相应的支持服务,诸如在高校中建立支持协调员和残疾人办公室以便为残疾学生的发展和教育提供支持服务,从课程改革、师资、无障碍环境等方面为残疾学生的融合发展助力。但总体来说,在我国听障学生在应对这些困难时,所需支持尤其是心理支持大多来自于单个的家庭。这在那些有过随班就读经历,或以个体的形式与健听人进行交往的听障学生身上体现得尤为明显。对于听障大学生来说,他们与健听人的人际关系,不仅仅是交朋友这么简单,更是两种不同文化的传递与交流。通过他们的交流,能够更加深刻地反映出现行融合中存在的问题,也更加能够明确今后的努力方向。

第六章　反思与建议

第一节　听障大学生与健听人人际关系的研究总结与反思

爱因斯坦说:"有了朋友,生命才显示出它全部的价值、智慧、友爱,这是照亮我们黑夜的唯一的光亮。"所以人际关系作为残疾人社会参与的一部分,是帮助他们自我了解、实现自我价值的一个必要条件。这既是一个互动的过程,也是一个不同文化碰撞的过程。尤其是在以后现代主义作为理论基础的融合理念指引下,这种人际关系应该具有强烈的时代性和创新性,是对整个社会公平的一个缩影。但是由于各国的文化土壤和社会政治、经济条件不同,所以在融合的实践过程中也就存在着各种不同的问题。而研究者通过本研究展现了当前高等融合教育背景下我国听障大学生与健听人人际关系现在及其特点,并进行了深刻的总结与反思。具体如下:

一、听障大学生与健听人人际关系的特点总结

听障大学生作为大学生中的一员,虽然他们与健听人在生理上存在着一定的差异。但是他们的人际发展同样遵循人际关系的一般规律,而也正是由于差异的存在使得他们的人际关系又具有自身的一些特点。尤其是对于接受高等教育的听障大学生来说,他们作为整个听障人群当中的佼佼者,拥有了比其他听障者更多有利的资源。所以这也就意味着他们在与健听人交往的过程中,与一般的听障者有所不同。

(一)听障大学生与健听人人际关系呈现出平等性

我国高等融合教育从真正兴起至今仅有三十余年的历史,这个过程是残疾人接受高等教育数量上升的过程,也是两种不同人群在高等教育中产生交集并相互了解的过程。而这个过程则主要通过两类人群的人际互动来实现。研究者通过本研究发现:听障大学生与健听人人际关系呈现出平等性的特点。平等是人际交往的前提,是人际关系维系的基础,也是个体尊重需要获得

满足的表现。

1.本研究中平等性表现为：

第一，平等表现为能够客观地认识自己和他人。听障大学生对于健听人的认识大多是偏向积极的，也就是说他们能够发现和承认健听人身上的优点。在他们看来健听人大多是热情、善良、乐观和友好的。听障大学生能够打破对健听人的"刻板印象"，建立起一个相对客观的认知是非常不易的。但是对健听人的这种积极认识随着年纪的增加出现下降的趋势。尤其是当他们进入社会以后这种积极认识就越来越少了，代之以对健听人的抱怨增多。

第二，平等表现为接纳。本研究中超过80%的听障大学生在交友意愿上没有特别的倾向性，即是说他们中的大多数人表现出极大的包容性，并没有特别的抵触健听人或倾向于聋人。正如被访的听障学生所说："我是不会主动和健听人交往的，但是如果他们来找我交朋友，我也不会拒绝。"此外，听障大学生在与健听人的交往中，体验到的积极情绪如愉快、放松等远多于消极情绪，在行为上也更容易出现主动的行为，而这些正是接纳的结果。

第三，平等表现为人际关系需要双方的努力来实现。听障大学生对人际交往困难的积极认识，说明他们认为与健听人之间的交往困难是可以克服的，但是这需要健听双方付出努力才能实现。一方面听障大学生对人际关系困难的认知中认为需要通过自己的努力去改变，这与张鸿宇等人发现大学生在对待人际关系的归因时多采用努力程度进行归因[①]的结论是一致的。另一方面，听障大学生同时认为健听人的努力（如学习手语）对克服困难也是有益的。所以这种归因的双向性，使听障大学生在与健听人的人际关系中能够处于一个平等的位置，而不是一味地迁就或盲目的排斥健听人。

2.平等性特点产生的原因：

第一，融合教育的背景。首先，融合教育背景提供了空间位置的接近性，为听障大学生和健听学生提供了共用的学习、生活环境，如食堂、教室、图书馆和宿舍，大大提高了听障学生与健听人的接触频率，因此在本研究中仅有13%的人从来不与健听人接触。这一点在大一的学生身上表现得最为明显，他们

---

① 张鸿宇,陈秀丽. 当代大学生人际关系归因分析及对策:以 G 省 H 高校本科生为例[J]. 社会心理科学,2012,27(8):79

与健听人的接触频率远高于大二和大三的学生。其次,融合教育背景提供了文化环境的接纳性。融合学校中以手语社为代表的一系列融合活动,在提供融合机会的基础上,也加深了两类人群的相互认识。所以95%的听障大学生都有可为其提供支持的健听朋友。因此在本研究中,高等融合教育背景下听障大学生与健听人人际关系呈现出一个良性循环,如图6.1所示。积极的认知有利于个体产生积极的情绪能力,进而有利于主动行为的产生。主动行为促进个体积极认知的形成,人际关系进入良性循环。在这个过程中,认知、情绪和行为三者相互促进、相互渗透而又互为前提,共同发展。

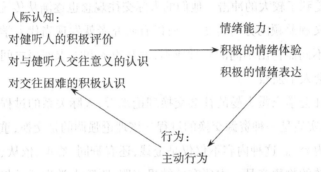

图6.1 高等融合教育背景下认知、情绪和行为的良性循环图

第二,大学生群体的特性。首先,大学生对平等性的追求是这个群体最为明显的一个特点。平等是人类一直追求的美好理想,这点在大学生身上体现得更为明显。大学生经历了高考的挑战,远离父母来到外地上学,褪去了家庭的背景,再加上学校教育中对平等的倡导,大学开放、包容的办学理念等,都使得他们对平等产生了强烈的追求。尤其是那些家庭处境不利或身体残疾的大学生,对平等更是充满了渴望。这在人际关系中体现为人格平等的交往,自己对他人平等,也要求他人对自己平等。其次,大学生群体对新事物和新理念的接受能力强。大学生作为国家和社会发展的主要力量,他们精力充沛、具备良好的认知能力,大学校园为他们提供了广阔的知识空间,来自五湖四海的同学所带来的不同文化,这些都为他们接触新事物和新观念提供了土壤。

但是特别值得注意的是,也正是以上两种原因的存在,使得平等性的特点具有一定的局限性。这种局限性体现在两个方面:一方面是环境的局限性,也就是说平等性的出现大多只能在具有融合理念的地方,比如本文中所研究的融合的高等教育环境。因为只有在这样相对包容和接纳的环境中,平等才有可能实现。另一方面就是人际交往对象的局限性。本研究发现学历相对较高的听障大学生群体,在两类人群的交往中才会有相对积极的态度。但也正是由于上述的局限性,也就在一定程度上解释了随着年纪的升高,听障大学生更容易出现消极的认识、消极的情绪和被动甚至抵触的交往行为。

(二)听障大学生与健听人人际关系呈现功利性

和普通大学生的人际关系一样,听障大学生与健听人之间的人际关系同样存在着功利性。在物欲横流的现代社会里,大学生在价值观、人生观等方面也较以往受到了较大的冲击。他们的人际交往观念也逐渐从传统的重义轻利向现代的义利兼顾的方向转变[①]。所以有研究者就发现当代大学生会随着交往对象的不同而付出不同的心理成本,但其投入和需求回报之间的功利性色彩没有社会人士强烈[②]。

根据社会学家霍夫曼的社会交换理论来看,人际关系的过程是一个交换的过程,其实质是一种资源交换的过程。该理论强调的是交换,重在双方交换所获得的内容[③]。这种内容不仅仅是金钱,还有赞同、尊重、依从、爱、情感,以及其他紧缺的物质产品。本研究的结果表明:听障大学生通过与健听人的交换,获得了自我发展、尊重和理解。如听障大学生对于和健听人交往的意义都有着非常积极的认识,他们觉得和健听人交朋友可以帮助自己适应社会、学到知识、了解健听人;在情绪上能够获得愉快的体验,所以他们会作出主动的交往行为。而健听人则可以从他们身上学习手语,了解聋人文化和聋人群体。而且被访学生也特别提到了健听同伴在与她交往的过程中,从排斥到尊重,最后立志成为一名幼儿园老师的经历。这段人际关系让她和健听同伴都改变了对彼此的看法,也都从彼此身上学到了尊重和理解。这正是社会交换论中利益最大化对人际关系带来的积极之处。但是如果交往双方不能通过交往过程实现利益的最大化,那么这种人际关系可能就很难继续维持下去了,所以听障大学生到了大二、大三的时候就不再愿意多结交健听朋友,一方面是因为他们觉得健听人总是感兴趣于手语和对聋人好奇之类的主题,而没有新的可以吸

① 李春玲. 解读当代大学生功利性人际交往[J]. 教书育人·高教论坛,2008(6):48-49
② 朱倩昕,张婷. 大学生人际交往心理成本调查[J]. 科教文汇,2007(8):40
③ 王月月. 人际关系团体辅导对大学生自尊水平的影响[D]. 武汉:华中师范大学,2012:5

引听障大学生的交往内容;另一方面,与大一新生不同的是,大二、大三的学生对生活环境已经熟悉,不会像大一刚到学校那样感到孤独无助,需要通过与他人的人际关系来获得心理的需要,如安全感、支持感等等。所以他们在人际交往的行为上更容易表现出被动和抵触。

虽然功利性很多时候是作为一个贬义词语出现,但是研究者认为此处的功利性,更多的是指交换和互惠。俗话说:"爱人者,人恒爱之;敬人者,人恒敬之。""投桃报李",其中无不蕴含着交换之意。作为大学生来说,虽然无法避免现实社会对自己的影响,但是在相对单纯的象牙塔里,他们之间的利益关系纽带不强,彼此并无经济上和思想上的依赖性。所以功利性作为人际交往的一种基本动力,其实是一种进步,也是一种平等关系的体现。在人际关系中如果没有交换,只是单方面地付出或索取的话,这种人际关系显然是不平等的,也是无法持续的。这种功利性在一定程度上确实可以提高听障大学生的人际关系和社会适应能力,以此来促进他们的发展。

(三)听障大学生和健听人人际关系呈现单一性

但与正常大学生人际关系的开放性和丰富性不同的是,听障大学生与健听人的人际关系从多个方面表现出单一性。可以说这种单一性很大程度上来自于听障学生的生理障碍,所以这也是听障大学生所独有的人际关系特点。

1.交往范围单一

本研究中听障大学生中能够对其起到支持作用的健听朋友来源中,40%都是同校其他院系的健听同学。这与社会心理学中的"时空原则"一致,即人际之间时空上的物理距离为人际吸引提供了一种客观条件,离得越近的人越容易接触,也就越容易产生亲密感[①]。这与贺荟中等人对听障儿童人际关系呈现班级隔离特点的结论非常一致。但是同在一个校园的教师却仅占健听朋友来源的1.7%。至于原因,在前文也有过分析,比如教师手语水平不佳、师生之间相处时间较少等原因。

2.交往形式以集体活动居多

融合校园中的交往活动大多是集体活动,比如学校的政治、军事大课以及

① 华红琴. 社会心理学原理和应用[M]. 上海:上海大学出版社,2004:185

军训,还有一些聋健互动的活动,如志愿者服务等。短暂而形式化的集体活动使听障大学生与健听人的关系浮于表面。根据人际关系发展的阶段性过程来看,如图6.2所示,集体性质的活动只能够使个体的人际关系发展到第二和第三阶段,即"开始注意"和"表面接触"。

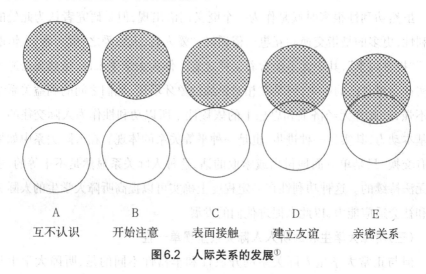

A	B	C	D	E
互不认识	开始注意	表面接触	建立友谊	亲密关系

图6.2 人际关系的发展①

3.交往内容单一

交往内容大多集中于学手语,或解答健听人对听障人感到好奇的各种问题,或者是需要对方帮忙的一些事情。而对于那些需要深入交流思想的内容却很少涉及。一方面是因为沟通的不便,另一方面则是因为健听人担心在深入沟通时会不小心触及听障者的敏感区,以致发生不愉快。

听障大学生与健听人人际关系的单一性,带来最大的问题就是人际关系难以深入和保持,也就是说他们与健听人的关系常常停留在图6.2的B和C阶段。可见,人与人之间想要建立友谊和亲密关系,仅仅靠空间距离的接近是不够的。研究证明相似性是一个使人们结合在一起的重要因素。从人际吸引的角度来看,和与自己相似的人在一起,个体能够感受到价值观的共鸣,从而产生一种亲近感。所以对聋人来说,他最好的归宿是聋人世界。聋人必须和属于自己的世界保持联系,在了解聋文化,有着一些聋人朋友,具有一份归属感的基础上,再进一步了解主流社会的健听文化,成为两个世界

---

① Levinger G,Snoek J G.Attraction in relationship[M]. Morristown:Gerneral Learning Press,1972:78

游刃有余的个体。

二、影响听障大学生与健听人人际关系的主要因素

虽然听障大学生与健听人的人际关系整体上表现出良好的状况,但是这仅仅局限于人际关系建立的初期,而在人际关系的深入和维系上却存在着很大的困难。以往的研究多集中于从微观角度出发,去探讨影响听障人群与健听人人际关系的影响因素。这种从一个个鲜活的个体中去寻找影响因素的视角,确实能够给人际关系带来快速而见效的改变。但是人际关系作为一种复杂的社会关系,它不仅仅是单纯的个人与个人之间的互动,更是在教育体制、传统文化之下的人际互动,如图6.3所示。这种影响是从上至下、由内而外、层层相扣的关系。微观层面是人际关系的直接影响因素,如沟通方式和个体意愿。中观层面是个体人际关系所处的背景(在本研究中具体是指高等融合教育背景),其间的联系越紧密,对人际关系的影响力也就越大。宏观层面是微观和中观体系所存在的较大体系,例如社会的传统文化、价值观念等,都会间接影响个体的人际关系。

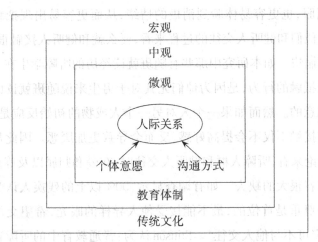

图6.3　听障大学生与健听人人际关系影响因素层级图

(一)个体意愿

人际关系是一种双向、互动的模式。所以在这个过程中,对残疾人诉求和选择的尊重尤为重要,也是人际关系质量的保证。2000年后美国融合教育进

一步将"赋权"的概念纳入,强调残疾人自我选择和决定的机会①。自我决定的核心是选择、可控和自由②。人际关系的互动性既要求正常社会的接纳与支持,也要求残疾人的主动参与,否则无法真正地实现。尊重残疾人在人际关系中的选择权,给予他们选择的机会,是改变过去被动、单一人际关系的核心所在,也是对残疾人作为融合主体的地位和话语权的尊重。这与后现代主义所强调的让少数派话语发言的精神一致③。个体也只有通过自主地选择,才会有积极的动机和良好的情绪。

在本研究中,听障学生的交友意愿同样会对其人际关系产生很大的影响。具体表现为:第一,男性比女性更愿意选择健听人作为朋友。从期望理论的角度来看,人们会将自己对他人付出的努力和最终能够获取的利益进行衡量,然后来选择适合的交往活动。所以在交友意愿上的性别差异实际上说明了男性和女性对社会角色的不同期望,男性听障学生需要通过与健听人的交往帮助自己更好的融入社会,实现男性的社会角色。所以他们会表现出比女性更强烈的动机。第二,那些倾向于选择聋人交朋友的学生比倾向于选择健听人的学生在人际关系上更为困难。他们认为和健听人交往的意义不大,困难难以克服,也更容易体验到消极的情绪,从而更容易出现抵触和被动的行为。而从他们和健听人交往的过程来看,要么就和健听人接触很少,要么就是经历不太愉快。如本研究中那些有随班就读经历的听障学生在人际关系中更容易出现抵触的行为,是因为他们尤其对于男生来说随班就读的经历多半是不让人满意的。然而如果一个人对另一个人或物的初始反应是非常消极的,那么重复接触不仅不会提高好感,反而会导致更加厌恶。因此从马斯洛的需要层次理论来看,听障人群和健听人交往时,在爱和归属以及尊重需要两个层次都存在着很大的缺失。如有调查显示,90%以上的残疾人认为与他人交往的过程中尊重是首位的,最不能接受他人异样的眼光,希望交往对方尊重自己,否则宁可不与他人交往④。Stinson认为:普通教育中的听障青少年认为与

① 钮文英. 拥抱个别差异的新典范:融合教育[M]. 台北:心理出版社,2008:12
② Field S.Self-determination instructional strategies for youth with learning disabilities [J]. Journal of learning disabilities,1996,29(1):40-52.
③ 刘复兴. 后现代教育思维的特征与启示[J]. 山东师大学报(人文社会科学版),2001(4):11-12.
④ 邱洪锋. 残疾人人际关系浅析——基于马斯洛需要层次理论[J]. 活力,2009(25):118

健听人同伴相比,在听障同伴身上能够获得更多的情感支持①。所以如果在人际交往中个体不能得到爱和归属以及尊重需要的话,就会产生孤独感、异化感。那么他们人际关系的建立和维持也就非常困难了。

(二)沟通方式

国内外的研究关于听障人群沟通方式对其人际关系的影响结论是比较一致的,即口语水平的高低在很大程度上会影响听障与健听人人际关系的好坏。如Bat-Chava和同事通过对7~13岁的听障学生纵向研究发现口语技能对他们的社会化发展有着间接作用;较好的口语沟通技能能够使他们与健听同伴产生较好的关系②。这一结论在本研究中也基本得到了印证:沟通方式的不同,导致人际关系呈现明显的两极分化:第一,能够使用口语交流的听障学生人际关系困难较少。如使用口语和健听人交往的听障学生对交往困难的认识比使用手语的学生积极;也更能够向健听人表达自己的积极情绪;第二,使用手语的学生最容易出现抵触行为。可见,沟通方式是影响听障大学生与健听人人际关系的一个重要因素。

社会学家米德在其提出的符号互动论中特别强调语言符号的功能,认为每个人在人际交往中都有一套自己的符号系统③。这种符号不仅仅是指个体所使用的语言,更重要的是指语言背后的文化、制度、规范等,使个体在人际关系中通过上述符号去理解并作出适当的反应。那么对于听障人群来说,这套符号系统是指以手语为代表的聋人文化。在手语的背后反映的是聋人所独有的语言、认知方式、交往行为、交往习惯等。所以使用手语所遇到的困难看似沟通方式,实质却是其所蕴含的文化内涵。正如Terje Basilier所言:"如果我接纳一个人,我必然要接纳那个人的语言;如果我排斥一个人的语言,我就是排斥了那个人。因为对于一个人来说,语言是我们不可分割的重要的组成部分。"因此认可以手语为代表的聋人文化的存在,是我们去了解这个群体的基

① Stinson M S, Whitmire K.Self-perceptions of social relationships among hearing-impaired adolescents in England[J]. Journal of the British Association Teachers of the Deaf,1991(15):104-114

② Bat-Chava Y, Martin D, Kosciw J G.Longitudinal improvements in communication and socialization of deaf children with cochlear implants and hearing aids:Evidence from parental reports[J]. Journal of Child Psychology and Psychiatry,2005,46(12):1287-1296.

③ 王月月. 人际关系团体辅导对大学生自尊水平的影响[D]. 武汉:华中师范大学,2012:6

础所在。但遗憾的是,在本研究中,大多数教师都不会手语,尤其是作为和学生生活联系最为紧密的辅导员很多都不会手语。教师没有把这当作自己工作的不尽责,反而把其当作是一种额外的负担。试问如此情况下,听障学生的融合该从何开始?虽然教职工对于学校里来来往往的听障学生已经司空见惯,但对于大多数健听人来说,这只是一个和自己毫无关系的群体而已。这也再一次印证了陈莲庆等人的研究结果:正常学生可以去大力支持以政府、学校或社会为主体开展的各种残疾人活动,如政府立法、学校招生等;但是对于和自己密切相关的活动,如"与残疾人同寝室生活"等却和前者形成巨大的落差[①]。

(三)教育体制

高等教育作为基础教育和中等教育的延续,不可避免地需要去面对和处理学生在前期教育中产生的问题。其中最为典型的就是促成了我国残疾人的单考单招制度和特殊教育学院的形成。一方面这种高等教育体系能够满足残疾学生的教育需求,但是另一方面隔离问题也就应运而生了。首先,单招单考制度是对人际交往权利的二次剥夺,如图6.4所示。

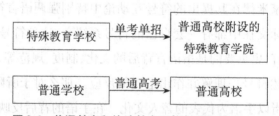

图6.4 普通教育和特殊教育双轨制运行模式

在高等教育的招生制度中,表现为单招单考和普通高考两种形式。而这两种形式所对应的是不同的生源:单招单考的生源基本来自于隔离式的特殊教育学校;而在普通学校就读通过普通高考升学的残疾学生,大多进入的也是普通高校。两种招考制度,正是对双轨制的最好映射。之所以在高等教育中还要使用两种不同的招考方式,主要原因还是因为难度差异,其意图在于国家考虑到残疾人的自身特点,为使更多的残疾人进入大学、接受正规的高等教育而采用的一种招考方式。这在被访者中也有谈到,听障学生认为普通学校教

---

① 陈莲俊,卢天庆. 在校大学生对残疾学生接受高等融合教育的态度调查[J]. 中国特殊教育,2006(12):24

学难度比聋校大,能够学到更多的知识。但是这种难度差异一旦形成就很难跨越,特殊学校出来的学生即便想参加普通高考,也无法考上。所以在大学中即便是和健听学生同班学习,在听障学生看来也是非常困难的,他们认为自己理解能力不如健听学生,无法跟上学习的进度。同时被访学生也谈到这种普通高等学校下设的特殊教育学院,仍然像一个小特殊学校一样,所以对于那些来自于特殊学校的学生来说,基础教育的被排斥也许就注定了后期的教育都要在一个相对隔离的环境中进行。通过不同招考制度进入高等教育学校的残疾学生,所接受的教育方式就注定了他们后期的融合路径也是截然不同的。正如图6.4所示,从入学前到招考制度再到就读形式,两者之间基本没有任何交集。由此可见,双轨制的教育体制剥夺的不仅仅是受教育权,还有人际交往的权利。哪怕像本研究中这样的融合教育学校,它的核心服务对象仍然是健听人。虽然听障学生能够在其中获得一些支持,但是这些支持的力度远远不能满足学生的需要。如手语翻译的配备不规范,视觉提示的不充分等等。

其次,培养质量和就业无法改变听障学生的社会地位,使他们与健听人的人际关系难以实现真正的平等。当今社会,一个人社会价值和社会地位的高低很大程度上取决于他的培养质量和就业,所以对于听障大学生而言这是其打破隔离、谋求平等人际关系的基本条件。从社会学的角度来看,社会地位是对社会分层的反映,而社会分层不仅对高等教育的入学机会产生明显影响,还会对接受教育的类型、层次产生重要影响[1]。一般来说,培养质量和就业很大程度上体现了一个人的社会价值,从而影响个体的社会地位,进而对个体的交往对象、动机等一系列人际关系因素产生影响和制约。在我国,这两种不同的办学模式之间实际上是各有利弊存在的。实行单考单招的学校办学层次以专科为主,培养目标为应用型专门人才,设置专业以计算机、艺术设计为主。这类学校以集中办学的模式出现,能够满足那些程度较重、一直在聋校学习的学生的教育需求,所以在支持服务的提供上和教学经验上,比普通学校更有针对性。而且和残联的长期联系,也使得这类学校的毕业生源在就业时能够受到更多的照顾。但也正因为这种针对性,使得培养出来的学生层次较低,如以对

---

① 郑若玲. 高等教育与社会的关系:侧重分析高等教育与社会分层之互动[J]. 现代大学教育,2003(2):21-25

残疾人教育的目标定位为例,很多时候我国残疾人高等教育仅仅是为了让残疾人获得和正常人一样的教育机会,在教育质量方面的要求却低于正常人,这就导致了培养出来的残疾人缺乏竞争力[1]。此外,还容易导致此类学生就业选择面较窄,大多也只能在一些传统的福利性企业中从事以体力劳动为主的高强度加工业,而这类学生想要再继续深造也是非常困难的;普通高考招生的学生则是大多来自随班就读的学生,这些学生和普通学生在考试、入学等方面基本相同。这些学生从一开始就处于融合的环境,想要跟上普通教育的教学进度,就要求自己和家人付出比普通学生更多的努力。这使得他们在文化知识上要比聋校的学生更强,但同时他们能够获得的支持性服务也要比聋校的学生少得多。所以残疾人试图通过高等教育来改变自己社会不利地位的梦想似乎难以实现,教育质量和教育层次上的差距以及就业时的固定性,都使得他们的社会地位难以得到突破式的改变。文凭、学历并不能让他们脱离以体力劳动或加工业为主的就业主流,所以于他们而言似乎学历、文凭只是多了一道工序而已,并不能带来实质性的改变[2]。可见,这种无奈实质仍然是对社会不公平的反映。因此,人际关系上的不平等性也就很难得到真正的改善了。

(四)传统文化

中国作为一个拥有悠久历史文化的文明古国,其以儒家文化为核心,道教、佛教等文化形态相互融合的具有民族特色的文化形体,对国人产生了深刻的影响。儒家文化作为中国传统文化的核心,其主要思想便是仁爱,仁是一种普遍的爱。应该泛爱大众,提倡博爱,并且学会爱人如己。这些思想渗透在我们生活的方方面面,可以说每一个中国人,或多或少都会受到儒家思想的影响。所以自古以来我国对残疾人就有宽容、仁慈之心,并且予以救济和帮助。这使残疾人的生活在一定程度上得到了保障,所以相对于西方古代社会的野蛮杀戮而言,我国的残疾人生存状况要好了很多。

但是不得不说的是,在我国文化下的这种对待残疾人的宽容和同情,具有很强的福利性质,即是说在这种观念下,人们对待残疾的态度更多的是出于道德,而缺乏应有的责任和义务。所以不难想象,在这种观念下残疾人与正常人

---

[1] 马明. 教育公平视野下残疾人高等教育研究[J]. 高校教育管理,2009(9):37
[2] 陈卓著. 教育与社会分层[M]. 北京:教育科学出版社,2012:144

之间很难实现真正的平等。儒家文化中的"仁者爱人",实际上带有浓厚的封建等级色彩。爱人者乃集经济、政治大权于一身的统治阶级,是强者的代表;而被爱者则是无权无势的最底层的劳动人民。所以此"仁爱之心"实质是弱者的无能,是强者对弱者的同情。这种仁爱更多的是对强者的锦上添花,却缺乏对弱者的雪中送炭。因此无论仁爱之心多么宽广,在一开始就已经为"爱人者"和"被爱者"打上了不平等的烙印。在这种仁爱文化下,人们更多看到的是残疾人作为一个弱者所伴随而来的缺陷与无能,而这正好能够激起正常人的仁爱之心。所以在这种人际关系中更多的是施舍与怜悯,而缺乏基本的平等。这种不平等的人际关系,常常以单向性作为表现,即要求残疾人努力向正常人靠近,变得和正常人一样。所以在本研究的调查中,传统文化对人际关系的影响主要通过人们对待残疾的态度来体现。交流方式的不同在整个人际关系上都产生了显著性的差异,而且这种交流方式的优越性体现在以健听人习惯的交流方式(如口语或书面语)为前提条件。这在听障学生对于与健听人的交往意义中也得到了印证,即他们都意识到这种交往有利于自我在主流社会的生存与发展。这种认识中更多是对自我的要求,而不是期望社会能为个体作出何种改变。所以即便是在这样一所全国招收听障学生规模最大的高校里,其服务的核心对象仍然是健听人;手语虽然是全校的必修课,却没有成为全校的通用语言。或许这也是一直以来融合效率不高的原因之一。

第二节　改善听障大学生与健听人人际关系的建议

一、社会层面——社会文化的重建

对于听障大学生来说,受教育的最终目的是要帮助他们融入社会,更好的生活。Hugher 和 Carter 指出:要让残疾人融入社会生活,需要通过重建社会文化来营造一个接纳和支持的社会环境[①]。可见,融合理念的提倡有助于融合社会的营造。从前文的分析可以看到,我国深受儒家传统文化的影响,虽然有仁爱之心,但这种朴素的同情和怜悯无法保证残疾人权利的实现,也无法建立平等的人际关系。所以借鉴西方发达国家特殊教育发展的成果,我们需要在

---

① Hughes C A, Carter E.W.The transition handbook strategies high school teachers use that work![M]. Baltimore:Paul H.Brookes,2000:10

社会文化的重建中做到以下几点：

第一，在文化价值观上中西结合，去其糟粕，取其精华。虽然从近代到现在关于东西方文化的优劣之争颇多，但是孰优孰劣至今没有定论。只因为每种文化诞生和成长的土壤不同，适应的国情也不尽相同。所以文化的重建不是简单地去推翻儒家仁爱，而是寻找其和西方民主、平等观念的结合点，形成中国本土化的融合文化。

第二，通过政策立法来保障残疾人的教育、经济、政治等各方面的权利。文化作为一种价值观念，影响到整个社会的运作。但是仅以文化来保证一个新理念的推行，显然是不够的。所以以政策法律的形式来使融合的理念具体化，为残疾人参与社会生活提供更多的机会与支持是一种有效的保障手段。我国《残疾人教育条例》对融合教育进行了特别强调，主张政府、学校、社会、家庭应当为残疾人实现受教育权利提供必要的条件和合理便利，保障残疾人平等接受教育，促进残疾人的身心发展和能力开发，为残疾人充分、平等地参与社会生活创造条件。

第三，建立多元文化的社会。根据"多元文化主义"观点，在大多数社会中，存在着一个占主导地位的，甚至是霸主地位的文化和一系列的少数者群体[①]。而由残疾人这个少数群体所形成的文化，我们称之为残疾文化。残疾文化作为一种亚文化，是残疾人对抗社会压力和隔离处境的产物以及自身社会经历的表达，也是维持这个群体凝聚力的动力所在。在本研究中，这种残疾文化特指聋人文化，是聋人群体在其特有的社会生活中所形成的行为模式、文化心态、互动关系和活动方式[②]。而多元，就是允许和尊重差异性的存在。所以多元化带给我们的不是负担和包袱，而是一种资源，一种在教育中可以利用的资源[③]，一种促进环境调整和改变的资源，从而有利于创建一个和谐、包容的氛围。

第四，通过媒体的力量改变大众对残疾人的刻板态度。虽然今天的社会

---

① 爱德华·莫的默，罗伯特·法恩. 人民·民族·国家：族性与民族主义的含义[M]. 北京：中央民族大学出版社，2009：80，86

② 张宁生. 聋人文化概论[M]. 郑州：郑州大学出版社，2012：3

③ 联合国教科文组织国际教育局. 中国全纳教育的发展：从随班到全纳[M]. 上海：上海教育出版社，2008：165

与过去相比,面对残疾的态度已经没有过去那么偏执了。但仍然还有很多负面态度存在于当今繁荣的社会之中。残疾似乎就是和"呆""笨"联系在一起,这令很多人闻之生畏。因此媒体作为政策、舆论的传递者,有引导大众的责任。特别是在信息技术高度发达的社会里,媒体对社会的影响力不容小觑。

二、学校层面——融合学校的构建

学校作为残疾学生生活和学习的主要场所,对学生的发展起着重要的作用。尤其是学校所处的中观层面,比起社会这个宏观层面而言,更容易实施各种改革措施来推动融合教育的发展。学校中的教职员工和同伴,也是残疾学生接触得最多的正常人群体。Hart 和 Williams[1]认为,大学校园中不断增长的残疾学生会使教师和正常学生努力去提高自己关于残疾人的态度和意识。

(一)通过课程调整来改变人们对残疾的态度

首先,加强听障大学生职业教育课程的设置。在以往的研究中发现:"就业"是改变正常人对残疾人态度最有效的方法。研究人员通过对残疾人的客户调查发现,消费者对残疾人的工作有非常积极的态度[2]。这说明在工作中残疾人能够很好的体现自我价值,通过工作业绩证明自身的能力。这也从侧面说明了,提升残疾人的个人价值是改变他们弱势地位的方法之一。加拿大和英国的残疾大学生要求提高残疾人的职业训练意识,以改善人们对待残疾的态度和意识[3]。所以通过大学课程的调整来提高听障大学生的职业素质和职业技能,使他们在社会竞争中能占有一席之地,是改变人们对残疾人能力认识的一种途径。其次,对听障大学生设置一些了解健听人社会文化、社交习惯、健听人心理的课程。国内很多学者都呼吁应该面对所有的师范生开设《特殊教育概论》这门课程,以便正常人更好地了解和支持残疾人。但是通过我们的研究和分析发现:听障人群也非常渴望去了解健听人社会,以减少与健听人在交往过程中造成误会。所以在融合的高校中,面对听障学生开设一些帮助

---

① Hart R D, Williams D E.Able-bodied instructors and students with physical disabilities:A relationship handicapped by communication[J]. Communication and Education,1995,44(2):140-154.

② Siperstein G N, Romano N, Mohler A, et al.A national survey of consumer attitudes towards companies that hire people with disabilities[J]. Journal of Vocational Rehabilitation,2006 ,24(1):3-9.

③ Erten O.Facing challenges:Experiences of young women with disabilities attending a Canadian university [J]. Journal of Postsecondary Education and Disability,2011,24(2):101-114.

他们融入健听人社会、提高与健听人交往效率的课程是非常有必要的。同时，作为那些能够接受高等教育的听障学生来说，他们也是有能力、有兴趣和意愿去学习这些内容的。

(二)融合校园物理环境和心理环境的营造

障碍的有无是针对环境而言的，所以对于听障学生来说，物理环境的营造主要是手语的通用和视觉提示的使用。手语的通用不仅仅是针对学生，也应该针对在校的所有教职员工。这样至少可以保证听障学生在校园内的沟通是通畅的。此外，视觉提示的增加，一定程度上也就可以增加听障学生和健听人共同参加活动的可能性；另一方面融合校园的心理环境是指营造一个让学生有安全感、自我价值得到提升、归属感、自由和公平的学校氛围①。通过上述氛围的营造，可以促进听障学生对学校、教师和同学形成一个正向的态度，进而有利于他们与健听人形成良好的人际关系。

(三)促进同伴关系的发展

对学校而言，免费而丰富的学生就是一种资源。在融合教育的过程中，能够充分运用多样化的学生资源，本身就是一种融合的体现。对所有学生来说，最受好评的教育成果之一是大家都有自己的朋友。虽然友谊无法具体明确地去教授，但却可以被鼓励和支持，而学校的老师就可以担任鼓励的角色。融合学校的第一大优点就是为不同学生提供了共同相处、发展友谊的机会。学校通过不断为这些学生创造互动的机会以及与其他同学熟悉的机会，能够大大地提高友谊发展的可能性。但是仅有有形的身体接触是不够的，学生必须了解其他同学的优势和需求，以便在互动中更加自在。所以学校首先要做的就是让两类学生有足够的相互了解。对于健听学生来说，这种了解在沟通方式上是要注意多使用视觉或触觉的提示，在行为上是要知道听障学生产生不同行为的理由和目的，在认知上是要改变对听障学生角色与形象的刻板印象。其次，教导互动的技能。友谊的开始必要条件之一就是有效的互动技巧。听障学生无法用口语沟通他的思想时，互动就会变得困难，而且有可能根本无法开始。因此对于健听学生来说，除了学会手语和使用视觉提示来和听障学生进行沟通以外，更重要的是要了解听障学生的交往习惯、思维方式等特点。

---

① 钮文英. 拥抱个别差异的新典范:融合教育[M]. 台北:心理出版社,2008:293-301

(四)建立转衔支持

转衔是每个人都要面对的问题,只是相对于残疾人而言在转衔的过程中会遇到比常人更多的困难。因此,建立转衔支持是减少他们适应问题和降低先前教育经验中不良影响的重要措施。具体来说,接受高等融合教育的残疾学生首先要面临学习环境的改变:从特殊教育到普通教育环境。由于我国特殊教育和普通教育长期处于分离状态,尤其是那些通过"单招单考"进入普通高校设立的特教学院学习的学生,大多数在高中甚至初中、小学阶段都没有融合经历。当一个没有融合经历的听障学生突然进入到有健听学生共同学习的大学校园环境时,其身心的不适应可想而知。这也是他们既期待融合又不愿完全融合的原因之一。其次基础教育之间的巨大差异对听障学生来说也是一种新的挑战。所以像国外一样建立从高中到高等融合教育的过渡支持,既可以帮助听障学生对自身的优、弱势以及所需调整有良好理解,又可以在一定程度上解决由于大学前教育与高等融合教育形式和环境脱节而造成的难以融入问题。

三、家庭层面——家庭支持的介入

从表面上看,人际关系好像只是两个人的事情。但实际上应该是一系列人员共同合作的结果。虽然听障大学生远离家庭来到异地求学,但是家庭在他们与健听人的人际关系中仍然扮演着一个重要的角色,主要体现在家庭对他们早期人际关系的影响上。如前文的研究结果发现母亲为聋的听障学生更容易产生抵触的行为,而生活在多子女家庭中的听障学生则更容易出现主动的行为。

所以对于家庭来说,首先家长要有让听障孩子和健听人交往的意识。特别是对于那些一直在聋校学习的学生来说,父母的意识也容易被禁锢在聋人圈子里。因为即便父母都是健听人,但是由于不会手语,也很难和孩子进行深入的交流。所以有的时候当他们出现回避与健听人的交流时,比如不愿去不会手语的亲戚或朋友做客,家长也不会有意地去引导。因为对于大多数中国父母来说,残疾孩子如果能找到个工作养活自己就已经很不错了,很少会希望他们像正常人那样生活或者找个好工作。所以只有父母具有了这种让孩子和健听人交往的意识,他们才会刻意地去创造机会、提供条件来让听障孩子与健听人交往。特别是那些一直随班就读的听障学生,他们的父母在这个方面就要比在聋校读书的父母积极一些,比如说他们会经常邀约孩子的健听同学去家中做客或者在接送自己的孩子时捎带上健听孩子。通过这样的方式,既营造了听障学生与健听人的交往环境,又体现了听障学生家长的融合意识。

其次,形成家长联盟很重要。由于国情的不同,我国的家长很少有形成团体,常常都是孤军奋战承担起孩子的教育问题。而在美国的特殊教育发展史上,我们可以看到多个由于家长起诉学校拒收残疾学生或没有为残疾儿童提供平等受教育措施的案例胜诉,并最终形成了相关的法律法规。在这个过程中,一方面家长形成一个团体,有助于他们知道自己和孩子的权利并知道如何去维护它、实现它,并在这个过程中形成相互支持;另一方面,这种由下而上的方式,也最能体现残疾学生的教育需求,为政策决策者提供参考和依据;再者,通过家长联盟可以让家长之间更好的交流和传递各种(成功或失败)教育经验和融合经验,这些都是融合教育过程中家长自身的探索,一个个真实的案例更能够引发其他家长的共鸣。而这些正是中国家长所缺乏的,也是整个中国教育体制所缺乏的。这给残疾学生带来的不仅仅是权利的减少,更重要的是发展受到阻碍。

四、个人层面——个人能动性的发挥

对于听障大学生而言,通过发挥自己的能动性来改变与健听人的人际关系是完全可行的。这种能动性的发挥,首先体现在对认知的调整。其实刻板印象不仅存在于健听人中间,也存在于听障人群中。没有人教过听障学生应该如何去与健听人沟通,他们从小学到高中的封闭环境使得他们的人际关系非常简单,即便与同学或老师的沟通都并不是非常深入的。而对社会互动的需求和现实之间的矛盾,是听障者更多与听障者交流的原因所在。沟通的技巧可以学习,但是如果听障学生不调整认知,正确认识自己和健听人的话,再好的沟通技术可能也很难真正实现两类人群的交往。所以对于听障学生来说,提高他们对健听人的积极评价、对与健听人交往的意义和对交往困难的积极评价将有利于他们产生主动的交往行为。听障大学生在认知方面呈现出来的年级特点,对于学校教育来说,第一应该抓住大一学生认知上的积极性进行教育和培养,以减轻其在大二和大三产生消极认知的。

其次,改善沟通技巧也是非常重要的。在沟通中,听障学生要学会通过健听人的表情和动作去理解健听人,也要通过合理、适度的表达方式去传递自己的信息。但是由于沟通方式的不同,聋健双方在沟通中常常出现误会。可见沟通技巧的改善已经迫在眉睫了,而此前提则是对相互文化的理解与包容。只有在理解和包容的基础上,才能真正从简单学习一种语言或者一种沟通方式转变为尊重一种文化,接受不同的差异。

参考文献

英文:

[1] Andrew J M, Dowson M. Interpersonal relationships, motivation, engagement, and achievement: Yields for theory, current issues, and practice [J]. Review of Educational Research, 2009, 79(1):327-365.

[2] Angel J L. Employment opportunities for the handicapped [M]. New York: World Trade Academy Press, 1969:12.

[3] Antia S D, Kreimeyer K H. Social interaction and acceptance of deaf or hard-of-hearing children and their peers [J]. The Volta Review, 1996, 98(4): 157-180.

[4] Bat-Chava Y, Martin D, Kosciw J G. Longitudinal improvements in communication and socialization of deaf children with cochlear implants and hearing aids: Evidence from parental reports [J]. Journal of Child Psychology and Psychiatry, 2005, 46(12):1287-1296.

[5] Bat-Chava Y. Deignan E. Peer relationships of children with cochlear implants [J]. Journal of Deaf Studies and Deaf Education, 2001, 6(3):186-199.

[6] Bennett D C, Guran E L, Ramos M C, et al. College students' electronic victimization in friendships and dating relationships: Anticipated distress and associations with risky behaviors [J]. Violence and Victims, 2011, 26(4): 410-429.

[7] Berres M S. Creating tomorrow's schools today: stories of inclusion, change, and renewal [M]. New York: Teachers College Press, 1996.

[8] Botting N, Conti-Ramsden G. Social and behavioural difficulties in children with language impairment[J]. Child Language Teaching and Therapy, 2000,16(2):105-120.

[9]Brandi L Chew, Scott A Jensen, Lee A Ros é n.College Students'Attitudes Toward Their ADHD Peers[J]. Journal of Attention Disorders.2009, 13(3): 271-276.

[10]Bullis M,Nishioka V,Fredericks H D B,et al.Scale of job-related social skill performance[M]. Santa Barbara:James Stanfield Co.,Inc.1997:125.

[11] Cappelli M, Daniels T, Durieux-Smith A, et al. Social development of children with hearing impairments who are integrated into general education classrooms[J]. The Volta Review,1995(97):197-208.

[12] Carolien Rieffe, Mark Meerum Terwogt. Anger communication in deaf children[J]. Coginition and Emotion.2006,20 (8):1261-1273.

[13] Carter E W, Hughes C, Guth C B, et al. Factors influencing social interaction among high school students with intellectual disabilities and their general education peers[J]. American Journal on Mental Retardation,2005,110 (5):366.

[14] Davis J M, Elfenbein J, Schum R, et al. Effects of mild and moderate hearing impairments on language, education, and psychosocial behavior of children [J]. Journal of Speech and Hearing Disorders,1986(51):53-62.

[15]Denny G S, Carson E K.Perceptions of campus climate for students with disabilities[M]. Washington,DC:EDRS,1994:90.

[16] Dutta A, Scguri-Geist C, Kundu M. Coordination of postsecondary transition services for students with disability[J]. Journal of Rehabilitation,2009, 75(1):10-17.

[17]Edwards K J,Hershberger P J,Russell R K, et al.Stress,negative social exchange, and health symptoms in university students[J]. Journal of American College Health,2001,50(2):75.

[18] Elacqua T. Perceptions of classroom accommodations among college

students with disabilities[M]. Washington,DC:EDRS,1996:78.

[19]Elksnin L K, Elksnin N.Teaching social-emotional skills at school and home[M]. Denver:Love publishing company,2006:254.

[20]English K M.The role of support services in the integration and retention of college students who are hearing-impaired[D]. California: San Diego State University,1993:1-10.

[21]Eriks-Brophy A,Durieux-Smith A,Olds J,et al.Facilitators and barriers to the inclusion of orally educated children and youth with hearing loss in schools: promoting partnerships to support inclusion[J]. The Volta Review,2006,106(1): 53-88.

[22]Erten O.Facing challenges:Experiences of young women with disabilities attending a Canadian university [J]. Journal of Postsecondary Education and Disability,2011,24(2):101-114

[23]Field S.Self-determination instructional strategies for youth with learning disabilities[J]. Journal of learning disabilities,1996,29(1):40-52.

[24] Flook L, Repetti R L, Ullman J B. Classroom social experiences as predictors of academic performance[J]. Developmental Psychology,2005,41(2): 319-327.

[25]Fonosch G G.Three years later:The impact of section 504 regulations on higher education[J]. Rehabilitation Literature,1980,41(7):162-168.

[26] George D, Kuh C, Robert Pace, et al. The development of process indicators to estimate student gains associated with good practices in undergraduate education[J]. Research in Higher Education,1997(38):435-454.

[27] Goode J. 'Managing' disability: Early experiences of university students with disabilities[J]. Disability and Society,2007,22(1):35-48.

[28]Gregory S,Bishop J,Sheldon L.Deaf young people and their families[M]. Cambridge:Cambridge University press.1995:265.

[29] Hart R D, Williams D E. Able-bodied instructors and students with physical disabilities: A relationship handicapped by communication [J] .

Communication and Education, 1995, 44(2):140-154.

[30] Hergenrather K, Rhodes S. Exploring undergraduate student attitudes toward persons with disabilities[J]. Rehabilitation Counseling Bulletin, 2007, 50 (2):66-75.

[31] Hirst M, Baldwin S. Unequal Opportunities: Growing up Disabled[M]. London:HMSO, 1994:22.

[32] Hosie J A, Russell P A, Gray C D, et al. Knowledge of display rules in prelingually deaf and hearing children [J]. Journal of Child Psychology and Psychiatry, 2000, 41(3):389-398.

[33] Hughes C A, Carter E. W. The transition handbook strategies high school teachers use that work![M]. Baltimore:Paul H.Brookes, 2000:10.

[34] Hung H L, Paul P. Inclusion of students who are deaf and hard of hearing: Secondary school hearing students' perspectives [J]. Deafness and Education International, 2006, 8(2):62-74.

[35] Hunt B, Hunt C S. Attitudes toward people with disabilities: A comparison of undergraduate rehabilitation and business majors [J]. Rehabilitation Edudcation, 2000, 14(3):269-283.

[36] Jackie Goode. 'Managing' disability: early experiences of university students with disabilities[J]. Disability and Society, 2007, 22(1):35-48.

[37] John Hall, Teresa Tinklin. Students first: The Experiences of Disabled Students in Higher Education[M]. Edinburgh:The Scottish Council for Research in Education, 1998:2.

[38] Johnson M. Make them go away: Clint Eastwood, Christopher Reeve & the case against disability rights[M]. Louisville, KY:Advocado Press, 2003.

[39] Joseph W, Madaus. The History of Disability Services in Higher Education [J]. New Direction for Higher Education, 2011(154):5-13.

[40] Kauffman J. M. The regular education initiative as Reagan-Bush educational policy: A trickle-down theory of education of the hard to teach[M]. Austin, TX:Pro-ed, 1995:125-156.

[41] Keim J. Academic success and university accommodation for learning disabilities: is there a relationship? [J] . Journal of College Student Development.1996,37(5):502-509.

[42]Kiecolt-Glaser J K, McGuire L, Robles T F, et al.Emotions, morbidity, and mortality:New perspectives from psychoneuroimmunology[J]. Annual Review of Psychology,2002(53):83-107.

[43]Kim G H, Kim K, Park H.Outcomes of a program to reduce depression [J]. Western Journal of Nursing Research,2011,33(4):560-576.

[44]Kluwin T N, Stinson M S, Colarossi G M.Social processes and outcomes of In-school contact between deaf and hearing peers[J]. The Journal of Deaf Studies and Deaf Education,2002,7(3):200-213.

[45]Lata Chatterjee, Monika Mitra. Evolution of Federal and State Policies for Persons with Disability in the United States: Efficiency and Welfare Impacts. [J]. Policies for persons with disability in the United States.

[46] Leigh I, Maxwell-MacCaw D, Bat-Chava Y, et al. Correlates of psychosocial adjustment in deaf adolescents with and without implants: A preliminary investigation[J]. Journal of Deaf Studies and Deaf Education, 2009, 14(2):244-259.

[47] Levinger G, Snoek J G. Attraction in relationship [M]. Morristown: Gerneral Learning Press,1972:78.

[48]Lopez F G.Patterns of family conflict and their relation to college student adjustment[J]. Journal of Counseling and Development.1991,69(3):257-260.

[49]Loy B, Warner-Czyz A, Tong L, et al.The children speak: An examination of the quality of life of pediatric cochlear implant users[J]. Otolaryngology-Head and Neck Surgery,2010,142(2):246-253.

[50]Madaus J W.The History of Disability Services in higher education[J]. New Directions for Higher Education,2011,2011(154):5-15.

[51]Malecki C, Elliott S.Children's social behaviors as predictors of academic achievement: A longitudinal analysis[J]. School Psychology Quarterly, 2002, 17

(1):1-23.

[52]Marschark M, Spencer P E.Oxford handbook of deaf studies, language, and education[M]. New York:Oxford University Press,2003.

[53]Martin D, Bat-Chava Y, Lalwani A, et al. Peer relationships of deaf children with cochlear implants: Predictors of peer entry and peer interaction success[J]. The Journal of Deaf Studies and Deaf Education, 2011, 16(1): 108-120.

[54]Martin D, Bat-Chava Y.Negotiating deaf - hearing friendships: Coping strategies of deaf boys and girls in mainstream schools[J]. Child:Care, Health and Development,2003,29(6):511-521.

[55]McKenna K, Scholtes A A, Fleming J, et al. The journey through an undergraduate occupational therapy course: Does it change students' attitudes, perceptions and career plans? [J]. Australian Occupational Therapy Journal, 2001,48(4):157-169.

[56]Mertens D M.Social experiences of hearing-impaired High School youth [J]. American Annals of the Deaf,1989,134(1):15-19.

[57]Miller S, Ross S, Cleland J.Medical students' attitudes towards disability and support for disability in medicine [J]. Medical Teacher, 2009, 31(6): 272-277.

[58]Mitchell R E, Karchmer M A.Chasing the mythical ten percent: Parental hearing status of deaf and hard of hearing students in the United States[J]. Sign Language Studies,2004,4(2):138-163.

[59]Moeller M P. Current state of knowledge: Psychosocial development in children with hearing impairment[J]. Ear and Hearing,2007,28(6):729-739.

[60]Moog J S, Geers A E, Gustus C H, et al. Psychosocial adjustment in adolescents who have used cochlear implants since preschool [J]. Ear and Hearing,2011,32(1):75S-83S.

[61]Moser I.Against normalisation: Subverting norms of ability and disability [J]. Science as Culture,2000,9(2):201-240.

[62]Nugent T J. More Than Ramps and Braille. [J]. American Education, 1978,14(7):11-18.

[63] Nunes T, Pretzlik U, Olsson J.Deaf children's social relationships in mainstream schools [J]. Deafness and Education International, 2001, 3 (3): 123-136.

[64] Oliver M. Understanding Disability From Theory to Practice [M]. London:Macmillan,1996:103.

[65] Peterson C C, Siegal M.Insights into theory of mind from deafness and autism[J]. Mind and Language,2000,15(1):123-145.

[66]Punch R,Hyde M.The social participation and career decision-making of hard-of-hearing adolescents in regular classes [J]. Deafness and Education International,2005,7(3):122-138.

[67] Renzaglia A, Karvonen M, Drasgow E, et al.Promoting a lifetime of inclusion[J]. Focus on Autism and Other Developmental Disabilities, 2003, 18 (3):140-149.

[68] Rice C J. Attitudes of undergraduate students toward people with intellectual disabilities:Considerations for future policy makers [J]. College Student Journal,2009,43(1):207-215.

[69]Riggio R E, Watring K P, Throckmorton B.Social skills, social support, and psychosocial adjustment[J]. Personality and Individual Differences.1993, 15 (3):275-280.

[70] Rosenthal D A, Chan F, Livneh H. Rehabilitation students' attitudes toward persons with disabilities in high- and low-stakes social contexts:A conjoint analysis[J]. Disability and Rehabilitation,2006,28(24):1517-1527.

[71] Sandra L Murray, John G Holmes, Nancy L Collins. Optimizing assurance:The risk regulation system in relationships[J]. Psychological Bulletin, 2006,132(5):641-666.

[72] Schwartz D. Including children with special needs: a handbook for educators and parents[M]. Westport,Conn.:Greenwood Press,2005.

[73]Shakespeare t, watson N. The Social Model of Disability: An Outdated Ideology? [J]. Research in Social Science and Disability,2002(2):9 - 28.

[74] Sikes P J, Nixon J, Carr W. knowledge, inquiry, and values [M]. Maidenhead:Open University Press,2003.

[75]Siperstein G N,Romano N,Mohler A,et al.A national survey of consumer attitudes towards companies that hire people with disabilities [J]. Journal of Vocational Rehabilitation,2006 ,24(1):3-9.

[76]Siri Wormnaes.Quality of Education for Persons with Disabilities[R]. Education for All Global Monitoring Report,2005:1-5.

[77]Stewart D A,Stinson M S.The role of sport and extracurricular activities in shaping socialization patterns.In T.N.Kluwin, D.F.Moores, & M.Gonter Ganstad (Eds.),Toward effective public school programs for deaf students[M]. New York: Teachers College Press,1992 :129-148.

[78]Stinson M S, Kluwin T N.Social orientations toward deaf and hearing peers among deaf adolescents in local public high schools [M]. Springfield: Charles C Thomas publisher,1996 :113-134.

[79]Stinson M S, Whitmire K.Self-perceptions of social relationships among hearing-impaired adolescents in England[J]. Journal of the British Association Teachers of the Deaf,1991(15):104-114.

[80]Stinson M S,Whitmire K.Students' view of their social relationships[M]. New York:Teachers College Press,1992:149-174.

[81]Stinson M, Kluwin T N.Educational consequences of alternative school placement[M]. New York:Oxford University Press,2003:52-54.

[82]Su á rez M.Promoting social competence in deaf students:The effect of an intervention program[J]. The Journal of Deaf Studies and Deaf Education,2000,5 (4):323-333.

[83] Suarez M.Promoting social competence in deaf students: The effect of intervention program[J]. Journal of Deaf Studies and Deaf Education,2000,5(4): 323-336.

[84]Synatschk K J O.Successful college students with learning disabilities：A crosscase analysis from a life-span developmental perspective［D］． Texas：University of Texas,1994:5.

[85]Tait K, Purdie N.Attitudes Toward Disability：Teacher education for inclusive environments in an Australian university［J］． International Journal of Disability,Development and Education,2000,47(1):25-38.

[86]Wauters L N, Knoors H.Social integration of deaf children in inclusive settings［J］． The Journal of Deaf Studies and Deaf Education,2008,13(1):21-36.

[87]West M,Kregel J,Getzel E E, et al.Beyond Section 504：Satisfaction and empowerment of students with disabilities in higher education［J］． Exceptional Children,1993(59):456-467.

[88]Yi-Hui Ho.The Impact of Interaction with Peers on College Student Development［J］． The Journal of Human Resource and Adult Learning,2006(11)：81-87.

中文：

[1]丹尼尔·P.哈拉汗,詹姆士·M.考夫曼,佩吉·C.普伦著． 特殊教育导论［M］． 肖非,等译． 北京：中国人民大学出版社,2010.

[2]威廉·A.哈维兰． 文化人类学(第十版)［M］． 瞿铁鹏,张钰,译． 上海：上海社会科学院出版社,2006.

[3]Dennis Coon． 心理学导论：思想与行为的认识之路(第9版)［M］． 郑钢,等译． 北京：中国轻工业出版社,2004.

[4]R.A.巴伦,D.伯恩． 社会心理学(第十版上、下册)［M］． 上海：华东师范大学出版社,2004.

[5]爱德华·莫的默,罗伯特·法恩． 人民·民族·国家：族性与民族主义的含义［M］． 北京：中央民族大学出版社,2009.

[6]陈光华． 对视障生接受普通高等教育的态度调查［J］． 中国特殊教育,20005(12):36-43.

[7]陈静． 听障学生人际交往能力培养研究［D］． 苏州：苏州大学,2007.

[8]陈莲俊,卢天庆． 在校大学生对残疾学生接受高等融合教育的态度调

查[J]. 中国特殊教育,2006(12):22-26.

[9]陈少毅. 开启无声的世界——记美国聋人教育先驱加劳德特父子[J]. 世界博览,2000(10):30-32.

[10]陈卓. 教育与社会分层[M]. 北京:教育科学出版社,2012.

[11]迟毓凯,管延华主编. 大学生人际管理与辅导[M]. 北京:北京师范大学出版社,2010.

[12]邓猛,景时. 从随班就读到同班就读:关于全纳教育本土化理论的思考[J]. 中国特殊教育,2013(8):5.

[13]邓猛,苏慧. 融合教育在中国的嫁接与再生成:基于社会文化视角的分析[J]. 教育学报,2012,8(1):83-89.

[14]邓猛. 融合教育与随班就读:理想与现实之间[M]. 武汉:华中师范大学出版社,2009.

[15]杜光强. 人本主义教育理念对当代教育的启示[J]. 内蒙古师范大学学报. 2011,24(1):1-4

[16]房凤文,张喜才. 澳大利亚促进残疾人接受高等教育的举措及启示[J]. 中国特殊教育,2018(2):3.

[17]付彩珍. 聋人大学生与健听大学生疏离感的对比研究[J]. 中国特殊教育,2009(10):45-49.

[18]高湘萍,崔丽莹. 当代大学生人际关系行为模式研究[M]. 上海:上海社会科学院出版社,2008.

[19]戈鹏,张茂林. 聋人大学生人际关系困扰及其与社会支持、自尊的关系研究[J]. 中国健康心理学杂志,2010,18(3):356-358.

[20]郝均倩. 聋人大学生情绪管理能力对其学校适应性的影响研究[D]. 重庆:西南大学,2011.

[21]贺荟中,林海英. 聋校低年级学生同伴关系网络及其特点[J]. 社会科学,2013(2):68-73.

[22]贺晓霞. 聋大学生自我认同与同伴关系研究[D]. 重庆:重庆师范大学,2012.

[23]洪启芳. 桃园县国小融合教育班教师教学困扰调查研究[D]. 台

东:台东大学,2007.

[24]胡松庆. 中日美高校图书馆残疾人读者服务比较研究[J]. 图书与情报,2011(5):92-94.

[25]华红琴. 社会心理学原理和应用[M]. 上海:上海大学出版社,2004.

[26]黄伟. 我国残疾人高等教育公平研究[J]. 中国特殊教育,2011(4):10-15.

[27]黄艳华. 听障儿童个性及与人际信任关系的研究[J]. 济南大学学报(自然科学版),2006,20(4):369-372.

[28]黄志成. 全纳教育——关注所有学生的学习和参与[M]. 上海:上海教育出版社,2006.

[29]黄志军. 促进平等:英国高校实施全纳教育的背景及典型经验[J]. 中国特殊教育,2018(3):3-8.

[30]将索,邹泓,胡茜. 国外自我表露研究述评[J]. 心理科学进展. 2008,16(1):114-123.

[31]雷江华. 融合教育导论[M]. 北京:北京大学出版社,2012.

[32]李超平,徐世勇. 管理与组织研究常用的60个理论[M]. 北京:北京大学出版社,2019.

[33]李春玲. 解读当代大学生功利性人际交往[J]. 教书育人·高教论坛,2008(6):48-49.

[34]李芳,邓猛. 从理想到现实:实证主义视角下的全纳教育及其对中国的启示[J]. 教育研究与实验,2010,36(3):24-26.

[35]李欢,汪甜甜. 融合教育背景下美国高校对残障大学生特殊教育支持与服务体系研究:以密歇根州立大学为例[J]. 中国特殊教育,2019(4):6.

[36]李辉山,包福存,何蓉. 家庭环境对"90"后大学生人际关系适应的影响研究:以兰州六所高校的调查数据为例[J]. 兰州交通大学学报,2012,31 (2): 134-139.

[37]李强,李海涛. 听障大学生人际关系调查及分析[J]. 中国特殊教育,2004(10):46-502.

[38]联合国教科文组织. 陈云英,杨希洁.融合教育共享手册[M]. 赫尔

实,译. 北京:华夏出版社,2004.

[39]林宜榕,束漫. 加拿大高校图书馆残障学生服务现状及启示[J]. 大学图书馆学报,2020,38(4):63-69.

[40]凌云志. 残疾人大学生的权利救济[J]. 扬州大学学报(高教研究版),2006(4):52-54.

[41]刘春玲,江琴娣. 特殊教育概论[M]. 上海:华东师范大学出版社,2008.

[42]刘复兴. 后现代教育思维的特征与启示[J]. 山东师大学报(人文社会科学版),2001(4):11-12.

[43]刘全礼. 特殊教育导论[M]. 北京:教育科学出版社,2003.

[44]刘嗣元,昝飞. 聋生青春期发展特点的调查研究[J]. 中国特殊教育,2005(9):22-27.

[45]刘颖. 二十世纪中后期美国聋人高等教育改革及其启示[J]. 中国特殊教育,2011(8):36-40.

[46]刘在花. 聋人大学生网络成瘾现状及其与心理健康的关系[J]. 中国特殊教育,2008(1):37-42.

[47]卢茜,雷江华. 美国高校残疾人服务特点及对我国高校的启示[J]. 中国特殊教育,2010(9):27-32.

[48]鹿彩铃. 我国聋人高等教育结构研究[D]. 天津:天津理工大学,2010.

[49]罗敏. 大学生人际关系能力、自尊和家庭教养方式的关系[D]. 武汉:湖北大学,2012.

[50]吕平. 论当代大学生人际交往中的功利主义倾向[J]. 大学(研究与评价),2007(4):81-85.

[51]马明,武红军,谭寒. 教育公平视野下残疾人高等教育研究[J]. 高校教育管理,2009,3(5):36-39.

[52]马珍珍,张福娟. 聋校初中学生同伴交往情况的调查研究[J]. 中国听力语言康复科学杂志,2008(30):35-37.

[53]马珍珍. 初中听力障碍学生同伴关系及其影响因素研究[D]. 上

海:华东师范大学,2006.

[54]钮文英. 拥抱个别差异的新典范:融合教育[M]. 台北:心理出版社,2008.

[55]彭尼. 塔索尼著. 支持特殊需要:理解早期教育中的全纳理念[M]. 张凤,译. 南京:南京师范大学出版社,2009.

[56]彭贤. 人际关系心理学[M]. 北京:清华大学出版社,北京交通大学出版社,2008.

[57]朴永馨,顾定倩. 特殊教育辞典(第二版)[M]. 北京:华夏出版社,2006.

[58]朴永馨. 高等特殊教育的发展[J]. 中国残疾人,2004(1):39-40.

[59]朴永鑫. 特殊教育学[M]. 福州:福建教育出版社,1995

[60]庆祖杰,朱珊珊. 普通高校健听大学生对听障大学生接纳态度的个案研究[J]. 中国特殊教育,2000(10):50-54.

[61]邱洪锋. 残疾人人际关系浅析:基于马斯洛需要层次理论[J]. 活力,2009(25):118.

[62]荣卉. 影响聋童亲子关系和同伴关系的因素[J]. 心理学动态,1996,4(3):15.

[63]申武丹,李宏翰,巫春英. 影响大学生人际关系的因素分析[J]. 精神医学杂志,2007,20(1):30.

[64]盛永进. 特殊教育学基础[M]. 北京:教育科学出版社,2011:47.

[65]宋洪波,张红,李宇,等. 团体心理辅导对大学生人际交往能力的促进[J]. 宁波大学学报(教育科学版),2008(5):102.

[66]唐惟煜. 西方智力落后教育史(七)[J]. 现代特殊教育,1994(5):41-42.

[67]童欣,曹宏阁,康顺利. 全纳教育视野下聋人高等教育培养复合型人才的探讨与尝试[J]. 中国特殊教育,2008(12):7-12.

[68]王爱平. 当代大学生人际交往特点分析[J]. 北京高等教育,2001(2-3):56-57.

[69]王晶. 视障大学生学校支持性服务的需求与满意度研究[D]. 大

连:辽宁师范大学,2008.

[70]王娟. 聋人大学生常见心理问题、原因及教育对策[J]. 职业与教育,2012(32):91-93.

[71]王秀阁,等. 大学生人际交往理论与方法[M]. 北京:人民出版社,2010.

[72]王月月. 人际关系团体辅导对大学生自尊水平的影响[D]. 武汉:华中师范大学,2012.

[73]王志强. 聋人大学生心理健康与校园社会关系的满意度和利用度[J]. 中国特殊教育,2012(2):26-30.

[74]魏瑞丽. 河北省初中聋生人际交往状况及干预研究[D]. 石家庄:河北师范大学,2008.

[75]吴明隆. 问卷统计分析实务——SPSS操作与应用[M]. 重庆:重庆大学出版社,2010.

[76]吴晓蓉. 教育在仪式中进行——摩梭人成年礼的教育人类学分析[M]. 重庆:西南师范大学出版社,2003.

[77]武红军,李强. 发展中国残疾人高等教育理论与实践[J]. 中国特殊教育,2005(1):10-15.

[78]武红军,吴惠祥,唐忠辉,等."人本特教"背景下残疾人高等教育法律保障的思考[J]. 中国特殊教育,2009(1):34-38.

[79]项国雄. 后现代主义视野中的教育[J]. 外国教育研究,2005,32(7):1-5.

[80]肖阳梅. 听障大学生学习和交往归因的调查研究[J]. 中国特殊教育,2005(11):26-30.

[81]熊琪,邓猛. 从解构到结构:全纳教育的后现代解读[J]. 教育探索,2013(10):1-4.

[82]许碧勋. 幼儿融合教育[M]. 台北:五南图书出版社,2003.

[83]许巧仙,王毅杰. 从社会交往看聋人大学生的社会融合:基于某学院的实证研究[J]. 中国特殊教育,2011(10):43-48.

[84]许巧仙. 聋人大学生人际信任及其影响因素:基于N学院的实证研

究[J]. 河海大学学报(哲学社会科学版),2012,14(3):39-44,90.

[85]杨雪悦,谌小猛. 近十年国际高等融合教育研究热点及前沿趋势:基于CiteSpace的可视化分析[J]. 现代特殊教育,2022(20):63-72+78.

[86]杨云娟. 残疾人大学生校园教育状况研究:天津市聋人大学生的生活调查与思考[J]. 中国轻工教育,2009(2):82-84.

[87]杨昭宁,杨静,谭旭运. 聋生安全感、人际信任与心理健康的关系研究[J]. 中国特殊教育,2012(9):18-23.

[88]于靖,王爱国,鲁毅光. 听障大学生心理健康状况的调查研究[J]. 长春大学学报,2010,20(8):33-36.

[89]张鸿宇,陈秀丽. 当代大学生人际关系归因分析及对策:以G省H高校本科生为例[J]. 社会心理科学,2012,27(8):79.

[90]张立松,王娟,何侃,等. 听障大学生情绪调节特点及其对人际关系的影响[J]. 中国特殊教育,2012(4):49-53.

[91]张茂林,杜晓新,张伟峰. 聋人大学生与健听大学生人际关系困扰及自尊状况的比较研究[J]. 中国特殊教育,2009(5):8-11.

[92]张宁生. 残疾人高等教育研究[M]. 沈阳:辽宁人民出版社,2000.

[93]张宁生. 聋人文化概论[M]. 郑州:郑州大学出版社,2010.

[94]赵向东. 北京高等教育中的残疾学生:北京13所高等学校残疾学生现状调查[J]. 中国特殊教育,2007(7):13-18.

[95]郑若玲. 高等教育与社会的关系:侧重分析高等教育与社会分层之互动[J]. 现代大学教育,2003(2):21-25.

[96]周红伟. 女大学生人际交往状况及其与自尊关系的研究[J]. 中国健康心理学杂志,2011,19(10):1269-1270.

[97]朱宗顺. 特殊教育史[M]. 北京:北京大学出版社,2011.

[98]宗世英,张晓梅,张宏燕,等. 残疾人公平共享高等教育资源的研究[J]. 现代教育科学,2012(3):145-148.

[99]宗占国,庄树范. 创建中国特色的残疾人高等教育[J]. 中国高教研究,2005(4):46-49.

附　录

附录1:预测问卷

人际关系问卷

亲爱的同学:

您好! 首先,非常感谢您能够参与此次调查。本调查目的在于了解目前听障人和健听人的人际关系,以便帮助听障人和健听人今后能够更好地交往。不用写你的名字,所以请放心填写,谢谢!

请根据您的实际情况,填写下列问题,所有问题答案只有一个,请在符合您情况的位置上打"✓",谢谢合作!

第一部分:基本情况	
1	性别: A 男　　　　　B 女
2	年级: A 大一　　　B 大二　　　　C 大三
3	您的听力状况: A 轻度(41~60 dB)　　　　B 中度(61~80 dB) C 重度(81~90 dB)　　　　D 极重度(91 dB以上)
4	您是否佩戴助听器:　　A 是　　　　B 否
5	父亲的听力状况:　　A 健听　　　　B 听障
6	母亲的听力状况:　　A 健听　　　　B 听障
7	在家是否独生子女:　　A 是　　　　B 否
8	您来自:　　　　A 城市　　　　B 农村
9	您曾经在普通学校读过书吗? A 读过　　　　B 没有,一直在聋校读书

续表

10	您和健听人交流主要是_____ A手语　　B口语　　C口手都用　　D书面
11	您最愿意和_____成为朋友 A 健听人　　B 听障人　　C 两者都可以
12	您有多少关系密切、可以支持和帮助自己的健听人朋友? A 0个　　B 1-2个　　C 3-5个　　D 6个或6个以上
13	最近三个月,您和健听人相处的次数是_____ A经常　　B偶尔　　C从不
14	您的健听人朋友大多是_____ A亲戚　　B邻居　　C我们学校其他院系的同学　　D老师　　E志愿者　　F其他

	第二部分:认知					
序号	项目	非常不同意	不同意	不清楚	同意	非常同意
1	我认为健听人是骄傲的					
2	我认为健听人是急躁的					
3	我认为健听人是没耐心的					
4	我认为健听人是看不起听障人					
5	我认为健听人是自大的					
6	我认为健听人是自私的					
7	我认为与健听人交往的困难是不能克服的					
8	我认为健听人不会和我交朋友					
9	不管我怎么努力,健听人不会喜欢我					
10	我认为健听人是善良的					
11	我认为健听人是热情的					
12	我认为健听人是自信的					

续表

序号	项目	非常不同意	不同意	不清楚	同意	非常同意
	第二部分:认知					
13	我认为健听人是乐观的					
14	我认为健听人是努力上进的					
15	我认为健听人是真诚的					
16	我认为健听人是可以相信的					
17	我认为健听人是友好的					
18	和健听人做朋友,可以帮助我适应社会					
19	和健听人做朋友,可以帮助我学到知识					
20	和健听人做朋友,可以帮助我了解健听人					
21	和健听人做朋友,可以让健听人了解听障人					
22	我和健听人做朋友,证明我有能力					
23	我觉得和健听人交朋友不重要					
24	如果我多思考、付出耐心,可以改善我与健听人的关系					
25	如果我努力,可以改善我与健听人的关系					
26	我学习与健听人交往的方法,可以改善我与健听人的关系					
27	如果健听人会手语,可以改善我与健听人的关系					
28	组织一些和健听人的活动,可以改善我与健听人的关系					

第三部分:情绪					
序号	项目	非常不同意	不同意	不清楚	同意	非常同意
1	与健听人相处时,我对他们感到佩服					
2	与健听人相处时,我对他们感到羡慕					
3	与健听人相处时,我觉得感动					
4	与健听人相处时,我感到快乐					
5	与健听人相处时,我感到放松					
6	与健听人相处时,我觉得舒服					
7	当健听人讲一个好笑的事情时,我会大笑					
8	我会向健听人表达高兴的心情					
9	我和健听人交往的时候,他们常常不知道我的心情是什么					
10	与健听人相处时,我不喜欢他们					
11	与健听人相处时,我感到恐惧					
12	与健听人相处时,我感到担心					
13	与健听人相处时,我感到焦虑					
14	与健听人相处时,我感到难受					
15	与健听人相处时,我感到讨厌					
16	与健听人相处时,我感到紧张					
17	与健听人相处时,我感到自卑					
18	与健听人相处时,我感到嫉妒					
19	健听人可以看出我高兴的心情					
20	在健听人面前我很难隐藏自己的生气					
21	和健听人交往的时候,我不会把生气表现出来					
22	虽然我心里很烦,但我在健听人面前表现得很平静					
23	健听人能够看出我心情不好					
24	我的不高兴都表现在脸上					

序号	项目	非常不符合	不符合	不清楚	符合	非常符合
	第四部分:行为模式					
1	我把我的想法告诉健听人					
2	我会去了解健听人					
3	我会问和健听人有关的事情					
4	我与健听人分享自己的事情					
5	我与健听人一起讨论自己的想法					
6	我热情的对待健听人					
7	我对健听人的事情会感兴趣					
8	我会帮健听人做一些事情					
9	我会用很多的时间去和健听人交流					
10	我对健听人行为粗鲁					
11	我对健听人作出不好的评价					
12	我对健听人说一些不友好的话					
13	我会对健听人发脾气					
14	我对健听人的态度不好					
15	我不和健听人讨论事情					
16	我不和健听人交往					
17	我不会对健听人说出自己的真实想法					
18	我不会去深入了解健听人					
19	我不会主动和健听人交往					
20	我不和健听人说话					
21	我对健听人表现得冷淡					
22	我与健听人保持一定的距离					
23	我不理睬健听人					

附录2:正式问卷

人际关系问卷

亲爱的同学:

您好! 首先,非常感谢您能够参与此次调查。本调查目的在于了解目前听障人和健听人的人际关系,以便帮助聋人和健听人今后能够更好地交往。不用写你的名字,所以请放心填写,谢谢!

请根据您的实际情况,填写下列问题,所有问题答案只有一个,请在符合您情况的位置上打"✓",谢谢合作!

第一部分:基本情况	
1	性别: A男　　　　B女
2	年级: A大一　　　B大二　　　　C大三
3	您的听力状况: A轻度(41~60 dB)　　　B中度(61~80 dB) C重度(81~90 dB)　　　D极重度(91 dB以上)
4	您是否佩戴助听器:　　A是　　　B否
5	父亲的听力状况:　　　A健听　　　B听障
6	母亲的听力状况:　　　A健听　　　B听障
7	在家是否独生子女:　　A是　　　B否
8	您来自:　　　　　　　A城市　　　B农村
9	您曾经在普通学校读过书吗? A读过　　　B没有,一直在聋校读书
10	您和健听人交流主要是_____ A手语　　　B口语　　　C口手都用　　　D书面
11	您最愿意和_____成为朋友 A健听人　　　B听障人　　　C两者都可以
12	您有多少关系密切、可以支持和帮助自己的健听人朋友? A 0个　　　B 1~2个　　　C 3~5个　　　D 6个或6个以上
13	最近三个月,您和健听人相处的次数是_____ A经常　　　B偶尔　　　C从不
14	您的健听人朋友大多是_____ A亲戚　　　B邻居　　　C我们学校其他院系的同学　　　D老师　　　E志愿者　　　F其他

第二部分:认知						
序号	项目	非常不同意	不同意	不清楚	同意	非常同意
1	我认为健听人是骄傲的					
2	我认为健听人是急躁的					
3	我认为健听人是看不起听障人					
4	我认为健听人是自大的					
5	我认为健听人是自私的					
6	我认为与健听人交往的困难是不能克服的					
7	我认为健听人不会和我交朋友					
8	不管我怎么努力,健听人不会喜欢我					
9	我认为健听人是善良的					
10	我认为健听人是热情的					
11	我认为健听人是自信的					
12	我认为健听人是乐观的					
13	我认为健听人是努力上进的					
14	我认为健听人是真诚的					
15	我认为健听人是可以相信的					
16	我认为健听人是友好的					
17	和健听人做朋友,可以帮助我适应社会					
18	和健听人做朋友,可以帮助我学到知识					
19	和健听人做朋友,可以帮助我了解健听人					
20	和健听人做朋友,可以让他们了解听障人					
21	我和健听人做朋友,证明我有能力					
22	如果我多思考、付出耐心,可以改善我与健听人的关系					
23	如果我努力,可以改善我与健听人的关系					
24	我学习与健听人交往的方法,可以改善我与健听人的关系					
25	组织一些和健听人的活动,可以改善我与健听人的关系					

第三部分:情绪						
序号	项目	非常不同意	不同意	不清楚	同意	非常同意
1	与健听人相处时,我对他们感到佩服					
2	与健听人相处时,我对他们感到羡慕					
3	与健听人相处时,我觉得感动					
4	与健听人相处时,我感到快乐					
5	与健听人相处时,我感到放松					
6	与健听人相处时,我觉得舒服					
7	当健听人讲一个好笑的事情时,我会大笑					
8	我会向健听人表达高兴的心情					
9	我和健听人交往的时候,他们常常不知道我的心情是什么					
10	与健听人相处时,我不喜欢他们					
11	与健听人相处时,我感到恐惧					
12	与健听人相处时,我感到担心					
13	与健听人相处时,我感到焦虑					
14	与健听人相处时,我感到难受					
15	与健听人相处时,我感到讨厌					
16	与健听人相处时,我感到紧张					
17	与健听人相处时,我感到自卑					
18	与健听人相处时,我感到嫉妒					
19	健听人可以看出我高兴的心情					
20	在健听人面前我很难隐藏自己的生气					
21	和健听人交往的时候,我不会把生气表现出来					
22	虽然我心里很烦,但我在健听人面前表现得很平静					
23	健听人能够看出我心情不好					
24	我的不高兴都表现在脸上					

第四部分:行为模式					
序号	项目	非常不符合	不符合	不清楚	符合	非常符合
1	我把我的想法告诉健听人					
2	我会去了解健听人					
3	我会问和健听人有关的事情					
4	我与健听人分享自己的事情					
5	我与健听人一起讨论自己的想法					
6	我热情的对待健听人					
7	我对健听人的事情会感兴趣					
8	我会帮健听人做一些事情					
9	我会用很多的时间去和健听人交流					
10	我对健听人行为粗鲁					
11	我对健听人作出不好的评价					
12	我对健听人说一些不友好的话					
13	我会对健听人发脾气					
14	我对健听人的态度不好					
15	我不和健听人讨论事情					
16	我不和健听人交往					
17	我不会对健听人说出自己的真实想法					
18	我不会去深入了解健听人					
19	我不会主动和健听人交往					
20	我不和健听人说话					
21	我对健听人表现得冷淡					
22	我与健听人保持一定的距离					
23	我不理睬健听人					

附录 3:访谈提纲

1. 你认为有必要结交健听人朋友吗?

2. 请谈谈你和健听人交往的经历,以及在这个过程中你的感受。

3. 你觉得现在的学校是否为你和健听人的交往提供了支持? 这种支持有效吗?

4. 如果给你一次选择的机会,你愿意去普校还是聋校读书?

5. 你觉得如何能实现与健听人的良好交往?